예정된 미래

네 가지 뉴노멀과 제4의 길

예정된 미래

이현훈 지음

참 성장, 분배, 환경의 융합으로 새로운 시대를 열다

P:AZIT

들어가며

넷플릭스에서 2021년 12월 개봉한 〈돈 룩 업Dong't Look Up〉이라는 블랙코미디 영화의 주인공 케이트 디비아스키Kate Dibiasky는 혜성 충돌이 "잠재적으로 벌어질 일이 아니라 반드시 벌어져요"라고 울부짖지만 아무도 믿지 않는다. 물론 현실에서는 혜성 충돌은 잠재적으로만 벌어질 일이다. 이 책은 인류와 지구에 반드시 벌어질 대변혁에 관한 것이다. 아니 이미 벌어지고 있다. 디지털혁명, 인구 고령화, 사회 양극화, 기후 위기가 바로 이러한 대변혁이다.

이미 '노멀'이 되어 가는 네 가지 대변혁들은 독립된 것이 아니라 서로 영향을 주고받으며 빠른 속도로 진행 중이다. 이 책은 호모 사피엔스의 30만 년 역사적 측면에서 네 가지 대변혁들이 서로 어떻게 연결되어 있는지, 그리고 경제학적인 측면에서 어떤 의미를 갖고 있는지를 설명하려 한다. 그다음 인류와 지구가 멸망에 이르지 않고 살아남기 위해 인류가 어떻게 '담대한 전환'을 해야 하는지에 대해 이야기하려 한다.

이 책은 2020년 코로나 팬데믹 상황을 맞아 저자가 출판한 두 권의 책의 후속편이다. 한 권은 『코로나 이후의 세계』이고 다른 한 권은 『Post-COVID Asia(코로나 이후의 아시아)』라는 제목의 영문 저서이다. 앞의 책은 코로나 상황과 함께 더욱 빨라진 디지털혁명과 탈세계화에 우리나라가 어떻게 대응해야 하는가에 대한 것이다. 두 번째 영문 저서는 아시아개발은행ADB의 박동현 박사와의 공저로 주로 코로나 이후 아시아 국가들이 어떻게 대응해야 하는가에 대한 것이다. 이 책은 앞선 두 권의 책의 기조를 유지하되 네 가지 뉴노멀을 인류사적 관점에서 그리고 경제학적 관점에서 체계적으로 설명하고자 했다. 이를 통해 대변혁을 마주한 우리 인류가 어떤 담대한 선택을 해야 하는지를 설명하고자 했다.

이 책은 호모 사피엔스가 30만 년 역사 중 만 년 전의 농업혁명, 그리고 18세기 중엽부터 최근까지의 산업혁명에 이어 세 번째 울트라 메가 혁명UMR: Ultra Mega Revolution을 하고 있다는 데에서 출발한다. 이는 다름 아닌 디지털혁명이고 이로써 인류는 호모 디지털로 진화하고 있는 중이다. 이 디지털혁명은 코로나 사태가 발생하기 20~30여 년 전에 이미 씨앗이 뿌려져 조금씩 싹이 돋고 있었는데 이번 코로나 사태로 단번에 도약하는 단계로 진입했다.

두 번째 미래의 예정된 특징은 인류가 전례 없는 노인사회로 들어가고 있다는 것이다. 만 년 전쯤 농업혁명 당시만 하더라도 인간의 기대수명은 20세 초반에서 30세 초반 정도였다. 산업혁명이 시작되던 18세기 중엽에도 기대수명은 35세에서 40세 정도에 지나지 않았다. 그러다가 산업혁명과 함께 식량 생산이 크게 증가하고 공중 보건과 의료 기술이 발전하면서 최근 선진국의 경우 인간의 기대수명이 80세를 바라보고 있다. 이제 디지털 기술이 나노기술, 생명공학과 융합되면서 보건·의료 수준이 더욱 높아져서 2030년쯤이면 기대수명이 80세를 넘어 90세에 이를 것이다. 이는 평균 수명이 그렇다는 얘기고 실제 많은 사람들은 100세 이상을 살게 될 것이다.

세 번째는 사회 양극화가 전 세계 주요 국가들의 중요한 사회 문제가 되고 있다는 점이다. 적어도 산업혁명 초중반 시기에는 대부분의 국가에서 소득과 부의 형평성이 개선되었다는 것이 일반적인 평가이다. 그러나 1990년대 이후 세계화와 맞물려 기술 발전이 더욱 빨라지면서 사회 양극화가 심화되고 있다. 현재 진행 중인 디지털혁명으로 기술 발전은 더욱 빨라지고 여기에 동참할 수 있느냐 없느냐 따라 디지털 계급과 아날로그 계급으로 나뉘는 '디지털 디바이드Digital divide'가 사회 전반에 깊게 나타날 것이다. '설국열차'의 앞칸에서 디지털 기술의 온갖 혜택을 누리는 디지털 계급과 달리 아날로그 계급은 뒤칸에서 예전보다도 못한 생활을 할 가능성이 크다.

네 번째는 기후 변화가 이제 학자나 환경운동가들의 문제가 아니라 인류의 멸망을 가져올 수 있는 현실이 되고 있다는 것이다. 지구온난화는 산업혁명 이후 인간이 만든 '인류세Anthropocene'의 결과물이다. 과학자들은 19세기 이전에 비해 지구상의 평균 기온은 섭씨 1.1℃ 정도 상승했다고 보고 있다. 국제사회는 지구상의 평균 기온을 2050년까지 산업화 이전에 비해 섭씨 1.5℃ 상승으로 제한하지 않으면 엄청난 범지구적 재앙이 온다는 데 인식을 같이 하고 있다. 이를 위해 국제사회는 2050년까지 지구온난화의 주범인 온실가스의 순 배출을 제로로 만들자는 넷제로Net Zero에도 합의한 상태다. 그러나 이 목표는 달성하기가 불가능에 가깝다. 그렇기에 인류는 인류가 만든 기후 위기에 따른 각종 재앙을 겪을 수밖에 없다.

인류사의 예정된 미래를 특징 짓는 이상의 네 가지 뉴노멀은 모두 거대한 가속Great acceleration이라고 부를 만큼 변화 속도가 엄청 빠르다. 디지털혁명은 코로나 사태를 겪으면서 도약기로 진입했다. 도약기는 앞으로 10~20년 정도일 것이다. 이 기간 동안 우리 인류가 살아야 할 새로운 디지털세계가 거의 제 모습을 갖출 것이다. 이 과정에서 우리 인류는 평균 수명 90세를 넘어 100세에 이를 것이고, 이제 태어나는 많은 어린이들은 최소한 120세 이상 살 것이다. 어쩌면 유발 하라리Yubal Harari가 『호모 데우스Homo Deus』에서 얘기하는 것처럼 인간은 수명을 통제하는 신의 영역에 이를 것이다.[1] 그렇다고 모든 인간이 신이 되는 것이 아니다. 오직 일부만이 신의 영역에 이를 것이고 대다수는 이들의 신민이 되어 살아가야 할지 모른다. 한편으로 지구는 더이상 인간의 약탈적 만행을 지탱할 수 없어 생물뿐만 아니라 최상위 포식자인 인류의 생존까지도 위협할 것이다.

이 책은 단순히 네 가지의 뉴노멀을 각각 단편적으로 소개하는 데 그치지 않는다. 저자가 강조하고자 하는 것은 ①이 네 가지 뉴노멀이 과거 일만 년 전 시작한 농업혁명 이래 이어 온 일련의 역사적 현실이며, ②모두 시간표가 정해진 예정된 미래라는 것이다. 또한 ③이 네 가지 뉴노멀은 서로 연결되어 있으며, ④우리가 살고 있는 이 시간 거대한 가속이 진행 중이며, ⑤모두가 경제적 문제이기도 하다는 것이다.

따라서 2부에서는 경제학적인 측면에서 이러한 네 가지의 뉴노멀이 어떤 의미를 갖는지를 설명하려 한다. 우리가 현재 대학에서 배우는 경제학은 산업사회에 맞도록 정립된 이론이다. 때문에 예정된 미래를 이해하는 데에는 오류와 부족한 점이 많다. 저자는 기존의 산업사회를 위한 정통경제학을 뛰어 넘어 디지털사회의 대변혁을 설명할 수 있는 뉴 이코노믹스의 초석을 놓는다는 심정으로 2부를 썼다.

마지막으로 3부에서는 네 가지의 뉴노멀을 마주한 우리 인류가 어떤 선택을 해야만 하는지를 설명하려고 한다. 이들 네 가지 뉴노멀은 비가역적이며 우리 인류에게 축복이기보다는 재앙이 될 가능성이 크다. 인류가 어떤 선택을 하느냐에 따라 인류를 포함한 지구의 모든 생명체의 운명이 결정될 것이다. 때문에 우리 인류는 담대한 전환을 해야 한다. '성장만이 최고의 선'이라는 신화를 버리고 디지털사회에서 모든 인류가 더불어 살 수 있는, 그리고 인간과 지구의 생태계가 더불어 살 수 있는 제4의 길로 시스템적 전환을 해야 한다.

기독교 창세기에 따르면 신이 최초의 인간 아담과 이브를 창조해서 에덴동산에서 살도록 했다. 에덴동산에서의 삶은 수렵과 채집이었다. 그러나 뱀의 유혹에 빠져 선악과를 따먹는 죄를 지어 에덴동산에서 쫓겨나 땀을 흘려 일하지 않으면 먹고살 수 없는 농업인이 되었다. 인류는 선악과를 먹음으로써 얻은 지혜로 농업혁명을 만드는 것에 그치지 않았다. 산업혁명으로 지구의 실효적 지배자가 되더니 이제 디지털혁명으로 신의 자리를 넘보고 있다. 창세기에는 에덴동산에서 쫓겨난 인간들이 천국에 닿으려고 바벨탑을 쌓는 이야기도 나온다. 신은 인간의 오만함에 분노해 모든 인간들을 온 땅으로 흩어 버리고 그들의 말을 제각각으로 만들어 서로 소통하지 못하게 하는 심판을 내린다. 오늘의 인류는 또다시 바벨탑을 쌓고 있는지 모른다. 또다시 신의 심판을 받을지는 온전히 인류의 선택에 달려 있다.

차례

2. 노인사회

3. 설국열차

4. 인류세

제2부 뉴 이코노믹스

1. 디지털사회의 뉴 이코노믹스

2. 지속가능한 뉴 이코노믹스

제3부 담대한 전환

1. 담대한 회개

2. 제4의 길

DESTINED

FUTURE

제1부

예정된 미래,
네 가지 뉴노멀

1

호모 사피엔스의 진화

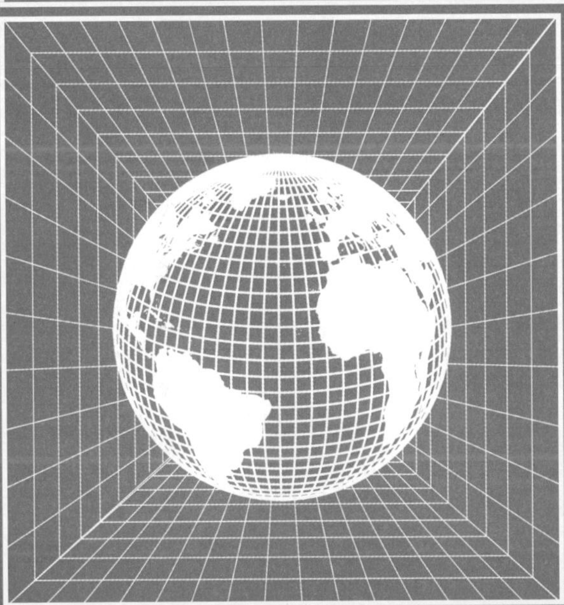

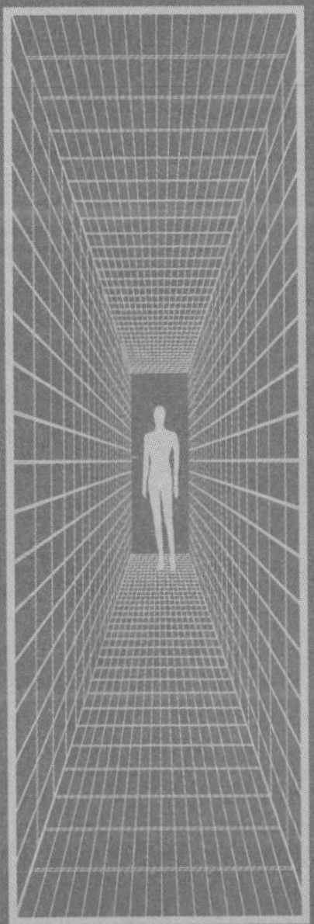

사피엔스의 세 번의 울트라 메가 혁명

최초의 인류는 약 250만 년 전 동부 아프리카에 등장한 오스트랄로피테쿠스이다. 이들이 북아프리카, 유럽, 아시아 지역으로 이주하면서 여러 종들이 생겨났다. 유럽과 서부 아시아에는 호모 네안데르탈렌시스, 아시아 동쪽에는 호모 에렉투스, 시베리아에는 호모 데니소바, 그리고 인도네시아 자바 섬에는 호모 솔로엔시스가 살았다. 인류의 요람인 동아프리카에서도 진화가 계속돼 호모 루돌펜시스, 호모 에르가스터 등 다양한 인류가 살았다.

현생 인류인 호모 사피엔스는 30만 년 전쯤 동아프리카에 처음 등장했다. 호모 사피엔스는 처음 29만 년 동안은 동물을 사냥하고 식물을 채집하며 먹고살았다. 때문에 먹이를 찾아 끊임없이 이동해야 했고 밤낮없이 위험에 노출되었다. 사실 주변의 동물들은 대부분 사냥감이라기보다는 포식자들이었다. 호모 사피엔스는 앞선 인류와 마찬가지로 다른 동물들에 비해 강하지도 빠르지도 크지도 않았기 때문이다. 매머드와 같은 대형 초식동물도 사냥했지만 주로 작은 동물들이 주된 대상이었고 힘센 포식자들이 먹고 남긴 고기를 먹었으며 벌레를 주워 먹기도 했다. 그럼에도 불구하고 이들은 소규모 부족을 중심으로 활기차고 다양한 방식으로 시간을 보냈으며 재산을 공동으로 소유하는 평등사회의 일원으로 살았다.

첫 번째 울트라 메가 혁명: 농업혁명

사피엔스는 빙하기가 끝나고 온화한 기후의 홀로세Holocene가 시작되던 1만 년 전쯤 큰 변화를 맞았다.[1] 야생 식물에서 씨앗을 얻어 이를 개간한 땅에 뿌린 후 물을 대고 잡초를 뽑는 경작을 시작한 것이다. 이것이 농업혁명(또는 신석기혁명)이라고 부르는 첫 번째 울트라 메가 혁명Ultra Mega Revolution이다. 수렵채집인이었던 인류는 농부와 목축인이 되었다. 인간은 개를 시작으로 양, 염소, 소, 돼지, 말, 낙타와 같은 야생동물을 길들이고 사육하는 방법을 터득했다. 이로써 인간은 위험한 사냥을 하지 않아도 단백질 원이 되는 고기와 우유를 얻을 수 있게 되었다. 사육한 동물은 농사에 필요한 쟁기질과 운반에 있어서 인간의 육체적 노동을 대체하거나 보완하는 훌륭한 수단이 되었다. 또한 사육한 동물은 가죽과 털, 비료도 제공했다. 이러한 농업혁명은 유프라테스강과 티그리스강이 있는 비옥한 '초생달 지대'를 시작으로 동아시아, 남아메리카, 중앙아메리카, 뉴기니 등 세계 곳곳에서 독립적으로 나타났고 인근 지역으로 퍼져 나갔다.

드디어 인류는 수렵과 채집의 방랑 생활을 끝내고 곳곳에서 도시와 국가를 이루며 문명이라는 것을 만들어내기 시작했다. 수렵채집 공동체는 기껏해야 수백 명 정도였지만 최초의 도시에는 수만 명이 모여 살았다. 초생달 지대에 자리 잡은 수메르문명 최대 도시였던 우르크Uruk에는 전성기에 5~8만 명이 살았고 전체 인구는 80만~150만 명에 달했다.[2] 최초의 인류인 오스트랄로피테쿠스가 지구에 등장한 지 249만 년만의 일이고 현생 인류인 호모 사피엔스가 등장한 지 29만여 년 만의 일이다. 한곳에 정착하게 되자 출산율이 크게 증가하면서 인구는 빠르게 증가했다. 또한 다른 동물들에 비해 늦게 사육을 시작한 말이나 낙타와 같은 동물의 힘을 빌려 먼 거리를 이동할 수 있었으며 나아가 문자, 수학, 법, 바퀴와 같은 세상을 바꾸는 발명을 이룩했다.

농업혁명과 함께 인류는 경작지를 만들기 위해 삼림을 벌채하고 경작지에 물을 대는 관개 활동을 통해 자연환경에 영향을 주기 시작했다. 또한 중앙집중식 지배 구조와 위계적 이데올로기가 등장하면서 인류는 소수 왕족과 귀족과 같은 지배 엘리트 계급과 평민으로 나뉘었다. 지배 엘리트 계급은 권력과 부를 독점하고 평민들은 농민과 유목민으로 전문화되었고 일부는 상업과 무역에 종사하며 외부 그룹과 접촉했다.

전반적으로 활기차고 다양한 방식으로 시간을 보냈던 수렵채집인들에 비해 농부가 된 인류는 주로 농사일을 하며 시간을 보냈다. 경작은 소수의 작물에 집중되었기 때문에 이용 가능한 식품의 다양성은 크게 좁아졌고, 그 결과 수렵채집인으로 살았던 조상들에 비해 영양의 질이 저하되었다. 또한 때때로 가뭄이나 홍수와 같은 자연재해에 따른 흉작으로 많은 사람들은 기아에 시달렸다. 이 때문에 인간의 키도 10센티미터 이상 줄어들었다.[3] 더욱이 인구 밀도가 높고 위생 환경이 좋지 않은 도시에 몰려 살면서 인간과 동물의 배설물과 오염된 식수로 인해 기생충과 전염병은 증가했다. 이 때문에 유발 하라리Yubal Harari는 『사피엔스Sapiens』에서 농업혁명은 인간을 행복하게 만들기는커녕 도리어 불행하게 만든 역사상 최대의 사기였다고 주장한다.[4]

두 번째 울트라 메가 혁명: 산업혁명

1만 년 전의 농업혁명이 인류의 삶을 획기적으로 바꾼 전환점이었다면, 또 하나의 대전환은 18세기 중반에 시작되었다. 바로 인류의 두 번째 울트라 메가 혁명인 산업혁명이다. 1760~1840년경에 걸쳐 영국을 중심으로 일어난 제1차 산업혁명은 석탄을 에너지로 바꾸는 증기기관과 같은 기계가 발명되면서 시작되었다. 기계는 인간의 노동을 대신해 원자재를 빠르고 값싸게 상품으로 만들었다. 이렇게 만들어진 상품은 증기기관차와 철도, 증기선을 이용해 아주 멀리까지 공급되었다. 석탄이 핵심 에너지원으로 사용되었다. 황산, 염화나트륨 등과 같은 다양한 화학물질이 대량생산되면서 다른 발명품의 도입을 가능하게 했고, 시멘트가 발명되면서 대규모 건설도 효율적으로 이루어질 수 있게 되었다. 1880년경에 이르면서 제1차 산업혁명은 서유럽 전체로 퍼져 나갔다. 이제 인류는 동물의 힘이 아니라 기계의 힘을 빌려 생산 활동을 하게 되었고, 그 결과 인간의 노동생산성은 획기적으로 증가했다.

19세기 말부터 20세기 초까지 이어진 제2차 산업혁명은 미국이 중심이 되어, 자동차와 비행기 같은 새로운 운송수단과 전기, 전신, 라디오를 발명했다. 대량생산 방식이 도입되면서 인간의 노동은 더욱 분업화되고 노동생산성은 더욱 크게 증가했다. 이러한 기술 변화는 천연자원의 사용을 폭발적으로 늘리고 공산품의 대량생산을 가능하게 만들었다. 제2차 산업혁명으로 인류는 철과 같은 천연자원뿐만 아니라 합금이나 플라스틱과 같은 새로운 합성자원을 만들어 사용하고, 석탄에 이어 석유를 새로운 에너지원으로 사용하기 시작했다.

경제사적 관점에서 볼 때 1·2차 산업혁명은 농업에 기반을 둔 봉건주의 체제를, 제조업에 기반을 둔 자본주의로 바꾼 획기적인 혁명이었다. 이로 인해 산업 생산과 국제무역은 크게 증가했다. 도시는 빠르게 성장했고 새로 등장한 시민 계급의 요구에 상응하는 새로운 민주주의 정치 질서가 나타났다. 한편에선 부의 불평등한 분배와 부당한 노동 착취에 반항하는 혁명을 통해 사회주의 정치 질서가 등장했다.

유발 하라리는 인류가 돈, 종교, 국가와 같은 실재하지 않는 허구를 믿음으로써 서로 모르는 많은 사람들이 협력할 수 있게 되었고, 그 결과 지구의 지배자가 되었다고 주장한다. 이러한 실재하지 않는 또 하나의 허구가 주식회사이다. 주식회사는 산업혁명이 시작되기 전인 근대 유럽에 항로의 개척과 식민지를 만들던 시대에 생겨났다. 최초의 주식회사는 1602년에 설립된 네덜란드 동인도회사VOC이다. 네덜란드 정부는 동인도회사에 희망봉부터 마젤란해협에 이르는 광대한 지역의 무역독점권과 함께 식민지를 통치하며 군사 활동을 할 수 있는 권한을 부여했다. 주식회사는 한 사람이 아니라 서로 모르는 많은 사람들이 대규모의 자본을 모을 수 있도록 함으로써 전과 비교할 수 없는 대규모의 사업에 투자할 수 있도록 했다. 또한 주주는 인수한 주식의 가액만큼의 출자 의무만 부담할 뿐 이외의 어떤 의무도 부담하지 않는다. 이 때문에 주식회사는 자본을 효율적으로 모으고 모험적인 투자를 가능하게 함으로써 산업혁명의 핵심적인 '허구'가 되었다.

1·2차 산업혁명과 함께 사피엔스 인류는 역사상 가장 빠른 속도의 경제 성장을 이룩해냈고 세계의 GDP와 일인당 소득은 그야말로 수직 상승했다(그림 1-1, 그림 1-2). 사실 세계의 GDP와 일인당 소득은 산업

혁명이 시작되기 전까지 거의 변화가 없었고 경제 성장이라는 개념조차 없었다. 산업혁명은 농업 부문에도 기계화와 생산성 증대를 가져와 곡물 생산량이 크게 증가하면서 기아와 영양실조는 많이 줄어들고 기대수명과 인구는 전례 없이 빠르게 증가했다(그림 1-3).

그러나 농업혁명으로 사람들이 더 행복해지지 않은 것처럼 산업혁명으로 모든 사람들이 더 행복해진 것은 아니다. 산업혁명과 함께 인간의 노동은 생산에서 기계에 밀려 변방으로 밀려나면서 그 중요성을 잃게 되었다. 노동자들은 형편없는 임금을 받으며 긴 시간 동안 시·분 단위로 쪼개어 노동하고 비위생적인 숙소에서 생활해야 했다. 산업혁명 초기 섬유공장 노동자의 대다수는 미혼 여성과 어린이였다. 그들은 일반적으로 일요일만 쉬고 하루에 12시간에서 14시간 동안 일했다.[5] 그야말로 노동자들은 기계의 주인인 자본가들에게 착취당하는 상황이 된 것이다.

노동자들이 노동조합을 결성해 자본가에게 대항하면서 노동조건은 조금씩 개선되었다. 그러나 농업혁명 이후 농민들이 그랬던 것처럼, 산업혁명 이후 노동자들도 일을 해야만 먹고살 수 있었다. 반면 자본가들은 투자라는 행위를 통해 돈을 불릴 수 있었다.

산업혁명 이전 소작인으로서 농업에 종사하던 사람들은 대부분 농촌을 떠나 공장이 있는 도시로 모여들어 노동자가 되었다. 개중에는 자본가가 되는 사람들도 있었다. 그래서 농업혁명과 함께 시작되었던 도시는 산업혁명과 함께 더욱 크게 성장했다. 한편으로는 원료수요와

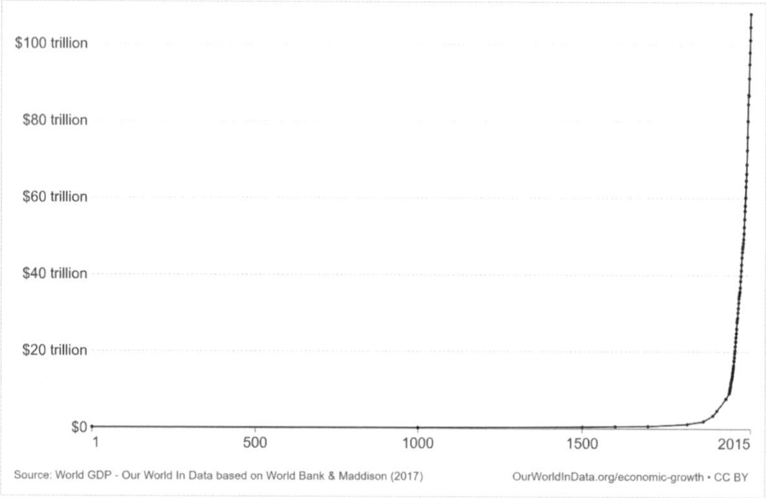

그림 1-1 **세계 GDP 추이, 1~2018.**

출처: https://ourworldindata.org/economic-growth

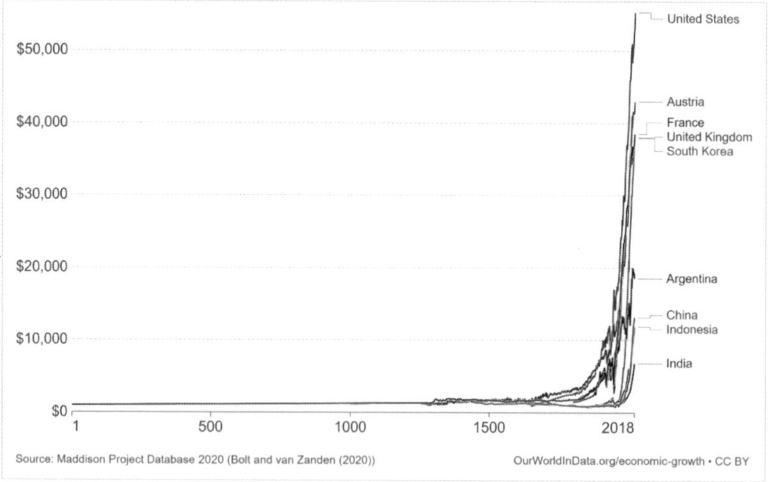

그림 1-2 **일인당 GDP 추이, 1~2018.**

출처: https://ourworldindata.org/economic-growth

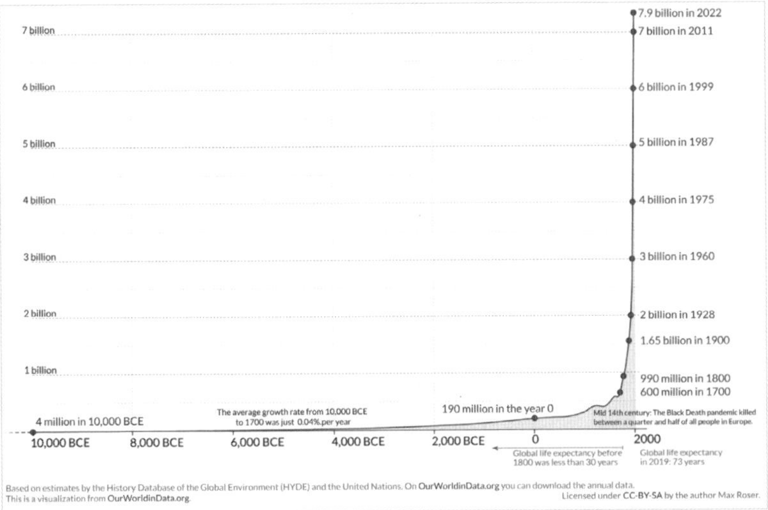

그림 1-3 세계 인구 추이, 기원전 10000~2020.

출처: https://ourworldindata.org/economic-growth

제품생산이 크게 늘어나면서 무역과 투자가 국경을 넘어 크게 활성화되었다. 교통수단이 더이상 인간이나 동물의 힘에 의존하는 것이 아니라 기계를 사용하게 되었기 때문이기도 했다. 철도와 자동차가 발명되면서 육상에서의 이동이 대규모로 빠르게 이루어지게 되었고 화석연료를 사용하는 대형 선박, 특히 컨테이너 선박의 발명으로 해상의 이동도 대규모로 빠르게 이루어지게 되었다. 또한 비행기의 발명은 전 세계를 더욱 빠르게 연결시켰다. 드디어 인류는 지구 구석구석까지 인간과 물건을 수송할 수 있게 되었고 곳곳에 있는 모든 동물과 식물까지 실효적으로 지배하게 되었다.

세 번째 울트라 메가 혁명: 디지털혁명

인류가 지금 만들어내고 있는 디지털혁명은 현생인류인 호모 사피인스의 세 번째 울트라 메가 혁명이다. 첫 번째 울트라 메가 혁명은 1만 년 전에 있었던 농업혁명이고 두 번째는 2백50년 전에 시작한 산업혁명이었다. 지구상에 등장한 지 무려 29만 년 만에야 농업혁명으로 새로운 삶의 방식을 만들어냈던 인류는 이후 '불과' 만 년 만에 산업혁명으로 또 다른 삶의 방식을 만들어냈다. 인류는 산업혁명 이후 기하급수적인 기술 발전을 이룩해 왔기에 이제 2백여 년 만에 또 다른 울트라 메가 혁명인 디지털혁명을 만들어내고 있는 것이다. 이렇듯 역사는 일정한 속도로 전진하는 것이 아니라 기하급수적인 속도로 전진하고 있다. 그야말로 인류의 역사는 거대한 가속Great acceleration 중이다.

디지털혁명은 제3차 산업혁명이라는 이름으로 준비 단계를 거쳐 현재 제4차 산업혁명이라는 이름으로 도약하고 있다. 그러나 제3차와 4차 산업혁명은 '산업혁명'이라기보다 '디지털혁명'으로 부르는 것이 옳다.

산업혁명이 증기기관과 같은 제조 기술의 발명으로 시작된 것처럼 디지털혁명의 준비 단계인 제3차 산업혁명은 디지털 기술의 발명으로 시작되었다. 디지털 기술의 발명은 1940년대 후반 벨 연구소가 처음으로 아날로그 시그널을 디지털 시그널로 바꿔 정보를 손실 없이 저장하고 전달할 수 있도록 한 것이 시초다. 이후 1960년대 들어 미국의 많은 대학, 국방부, 기업들이 수학적 계산을 디지털 방식으로 할 수 있는 기계인 컴퓨터를 발명했다. 그리고 1970년대에 개인용 컴퓨터PC가 처음 등장했다. 한편 1969년에는 ARPANET라고 하는 인터넷을 통해서 컴퓨터 간 메시지 전달이 가능해졌고 1980년대 이르러 인터넷이 일반인들에게 보급되었다. 1989년 팀 버너스리Tim Berners-Lee가 발명한 월드와이드웹WWW: World Wide Web이 1991년 처음으로 일반인들에게 등장하고 1990년대 말 아마존Amazon, 구글Google과 같은 기업들이 등장했다.

이처럼 디지털혁명의 준비 단계인 제3차 산업혁명은 1960년대 메인프레임 컴퓨터 발명, 1970년대의 개인용 컴퓨터 발명, 1980년대 인터넷의 보급, 1990년대 WWW의 확산으로 특징지을 수 있다. 때문에 제3차 산업혁명을 정보통신기술ICT 혁명이라고 부르기도 한다. 특이한 것은 컴퓨터의 성능과 인터넷 속도가 기하급수적으로 빨라져 왔다는 것이다. 1965년 인텔Intel의 공동 창업자인 고든 무어Gordon Moore는 집적회로에 들어가는 트랜지스터의 수가 2년마다 두 배씩 늘어난다고 말했다. 이는 컴퓨터의 성능이 2년을 주기로 두 배씩 증가한다는 의미다(그림 1-4).

일반적으로 제3차 산업혁명이라고 부르는 디지털혁명의 준비 기간 동안 반도체와 컴퓨터는 공장 자동화를 가능하게 했고 생산성은 폭발적으로 증가했다. 그러나 이때까지만 해도 컴퓨터와 인터넷은 산업사회의 제조업 분야를 지원하는 역할에 그쳤다. 디지털 기술혁명이 산

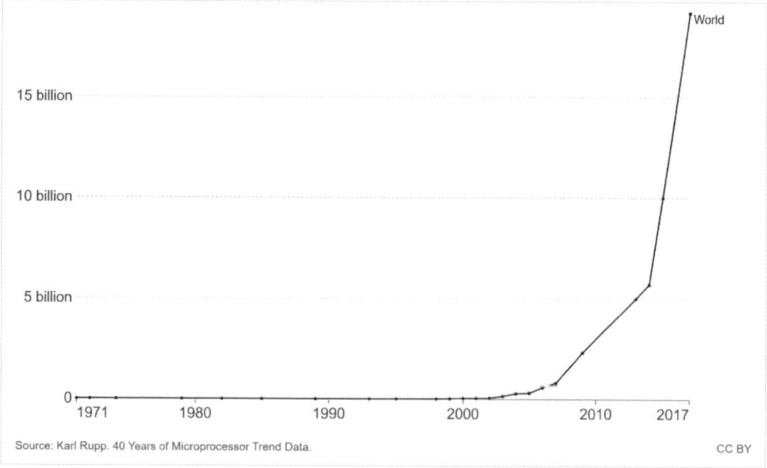

그림 1-4 무어의 법칙: 마이크로프로세서 1개당 트렌지스터 수

출처: https://ourworldindata.org/technological-progress

업사회를 디지털사회로 바꾸며 인류의 삶을 바꾸기 시작한 것은 인터넷이 확산된 2000년대부터라고 할 수 있다. 전 세계 인터넷 인구는 2005년에 10억 명에 이르렀고 2022년 현재 전 세계 인구의 63%인 50억 명에 이르고 있다.[6]

디지털혁명이 일상생활을 획기적으로 바꿔 놓은 것은 스마트폰의 등장이다. 스티브 잡스Steve Jobs가 2007년 세상에 선보인 '아이폰'은 단순한 무선 전화기라기보다는 인터넷과 연결된 컴퓨터였다. 2022년 현재 전 세계 인구의 84%인 66억 명이 사용하고 있는[7] 오늘날의 스마트폰은 1970년대의 슈퍼컴퓨터보다 1,000배나 작고 1,000배나 값이 싸지만 성능은 100만 배 더 강하다.[8] 기하급수적인 디지털 기술 발전의 결과이다.

이제 초고속 연산이 가능한 컴퓨터가 초고속 인터넷으로 연결되어 빅데이터, 사물인터넷, 핀테크, 인공지능로봇으로 발전하고, 생명공학, 재료공학 등과 융합되면서 일련의 파괴적 혁신disruptive innovation이 폭발하는 중이다. 레이 커즈와일Ray Kuzweil은 특정 기술이 디지털화되는 순간 무어의 법칙을 등에 업고 기하급수적으로 가속화된다며 이를 수확가속의 법칙Law of Accelerating Returns이라고 이름을 붙였다.[9]

산업혁명 중에도 서로 다른 기술들이 융합하면서 발전했다. 그러나 현재의 디지털 기술은 특히 거의 모든 다른 분야의 기술들과 융합될 수 있고 그 융합의 효과는 파괴적이다. 예를 들어 우버Uber, 에어버스Air Bus, 보잉Boeing, 엠브라에르Embraer S. A. 같은 기업들이 헬리콥터가 세상에 나온 지 80년이 지난 지금에서야 전기수직이착륙eVTOL: electric vertical take-off and landing 항공기를 시장에 내놓으려는 것은 복잡한 비행 시뮬레이션을 가능하게 하는 인공지능의 기계학습machine learning 기술 덕분이다. 또한 디지털혁명의 핵심인 인공지능이 날기에 충분히 가벼우면서 내구성이 높은 부품을 개발하는 재료과학, 그리고 모터와 프로펠러를 어떤 크기로도 만들어낼 수 있는 3D 프린팅 기반의 새로운 제조기술과 융합되면서 전기수직이착륙기eVTOL가 현실화되고 있다.

런던 정경대 리처드 립시Richard Lipsey 교수에 따르면 인류는 지금껏 24개의 범용기반기술GPT: General Purpose Technology을 만들어냈다. 립시 교수는 범용기반기술은 고도화되면 될수록 다양한 용도로 사용되고 궁극적으로 경제 전체의 생산성을 끌어올린다고 주장한다. 립시 교수에 따르면 인류의 첫 번째 범용기반기술은 동물사육기술과 경작기술이다. 이것이 1만 년 전의 농업혁명을 만들어냈다. 이후 바퀴, 글쓰기, 청동기, 철기, 인쇄술과 같은 범용기반기술이 발명되었고 18세기 중엽에 시작된 산업혁명 기간에 범용기반기술이 집중적으로 발명되었다. 대표적으로 증기기관, 공장제도, 철도, 기신, 내연기관, 전기, 자동차, 비행기, 대량생산 기술 등이다.

이렇듯 앞선 두 번의 울트라 메가 혁명기에는 여러 범용기반기술이 동시다발적으로 등장하면서 종전 제도를 무너뜨리고 사회 전체를 변혁시켰다. 현재 진행 중인 세 번째의 울트라 메가 혁명인 디지털혁명 역시 컴퓨터, 인터넷, 인공지능, 로봇, 바이오테크놀로지, 나노테크놀로지 등의 핵심적인 범용기반기술이 경제 전반의 생산을 획기적으로 높이고 사회 전체를 변혁시키고 있다.

커즈와일은 수확가속의 법칙 때문에 21세기 100년 동안 발생할 기술적 변화는 지난 2만 년에 걸쳐 발생한 기술 변화만큼의 크기가 될 것이라고 주장한다. 다시 말해 1만 년 전쯤 농업혁명이 발생하였으니 농경사회의 시작부터 산업사회까지의 발전 단계를 두 차례 반복해서 겪을 것이라는 의미다. 100년이면 너무 긴 시간이라고 생각할 수 있겠다. 그렇다면 향후 10년은 어떤가? 향후 10년 동안의 기하급수적인 기술 변화는 최소한 지난 100년 동안의 기술 변화에는 견줄 수 있지 않을까 싶다.

산업혁명이 농업사회를 산업사회로 바꾼 것처럼 디지털혁명은 산업사회를 디지털사회로 바꾸고 있다. 게다가 이러한 디지털 기술의 발전과 보급은 인류의 삶을 근본적으로 바꿔 놓고 있다. 앞선 농업혁명과 산업혁명과 같이 디지털혁명이 인간의 삶의 방식을 송두리째 바꾼다는 점에서 인류 역사상 세 번째 울트라 메가 혁명이라고 보는 게 옳다. 따라서 이 책에서는 제3차 산업혁명을 디지털혁명의 준비기, 그리고 2000년대 이후부터의 제4차 산업혁명을 디지털혁명의 본격적인 도약기로 본다.

디지털혁명의 기폭제: 코로나-19

제러드 다이아몬드Jared Diamond는 그의 세계적인 베스트셀러 『총, 균, 쇠』에서 병균이 무기와 금속과 함께 인류의 운명을 바꿨다고 설명했다.[10] 역사적으로 볼 때 인류의 역사를 바꾼 대표적인 병균은 15세기 중엽, 유럽 인구의 3분의 1이나 되는 2천5백만 명을 죽인 페스트균이다. 페스트(흑사병)는 종교적 믿음이나 신분과 상관없이 무차별적으로 사람들을 죽게 만들었다. 이로써 사람들은 무조건적인 종교적 믿음과 종교 지도자들에 대한 숭배에 의문을 갖게 됐다. 이는 결국 루터와 칼빈의 종교개혁으로 이어졌고 서로마 제국이 멸망(476)하고 게르만 민족의 대이동이 있었던 5세기 이후 천 년간 계속되었던 교회 중심의 중세 시대를 인본주의 르네상스 시대로 전환하게 하는 결정적인 계기가 되었다.

경제사적 측면에서 보면 흑사병은 농업사회를 산업사회로 바꾸는 게임 체인저였다. 많은 사람들이 죽게 되자 노동력이 부족해졌다. 이는 농노들의 임금과 권리를 높이는 결과를 가져 왔고 부족한 노동력을 대체하기 위한 새로운 수단을 찾을 필요성을 만들었다. 또한 중세 사회의 종식과 함께 사람들은 자유롭게 사고하고 이동할 수 있게 되면서 과학과 기술의 발전이 폭발적으로 일어났다.

6백 년 전 흑사병이 그랬던 것처럼 코로나 팬데믹은 인류 역사의 게임 체인저 역할을 하고 있다. 무엇보다 코로나 팬데믹은 사람들로 하여금 집에 머물 수밖에 없도록 하면서 모여서 일하고 공부하고 쇼핑하고 놀던 일상을 불가능하게 만들었다. 대신 온라인 재택근무와 온라인 교육을 할 수밖에 없는 상황으로 내몰았다. 온라인 쇼핑과 온라인 엔터테인먼트도 새로운 일상이 되었다. 이에 따라 원격 서비스 산업은 폭발적인 성장을 했다. 원격 의료 서비스도 세계 여러 나라에서 규제의 틀을 벗고 일상적으로 받아들여졌다. 이뿐만 아니다. 디지털화는 경제, 사회, 문화, 정치를 포함한 모든 삶의 방식을 완전히 바꾸고 세계 질서를 뒤흔들고 있다. 가히 혁명적 상황이다.

이렇게 새로운 일상을 가능하게 한 것은 인공지능AI, 빅데이터Big data, 클라우드 컴퓨팅, 디지털 플랫폼, e-비즈니스, 핀테크, 사물인터넷IoT 등과 같은 디지털 기술이다. 만일 코로나 팬데믹이 10년 전에만 발생했어도 세계는 그냥 속절없이 당하기만 했을 터였다. 그러나 코로나 팬데믹이 발생한 시점 이전에 이미 인류는 디지털사회로 전환을 시작했고, 마침 코로나가 번져 나가자 디지털사회로 본격적으로 전환하게 된 것이다.

디지털 기술에 대한 수요가 폭발적으로 늘자 디지털 기업의 가치도 폭발적으로 오르면서 이들 기업에로 연구개발 자금이 몰려들었다. 2020년 1년간의 기술 발전은 10년간 기술 발전의 압축인 것이라고 할 수 있을 정도였다. 공상과학소설에나 등장하는 이야기들이 현실이 되고 있다. 무어의 법칙과 커즈와일의 수확가속의 법칙이 코로나 팬데믹을 계기로 더욱 빨라지는 중이다.

디지털혁명은 서비스혁명

경제학자들은 한 나라의 경제를 농수산업, 제조업, 서비스업으로 나눈다. 농수산업을 1차 산업, 제조업을 2차 산업, 서비스업을 3차 산업이라고 부르기도 하는데, 제조업만을 산업industry이라고 부르기도 한다. 대표적인 예가 산업혁명이라는 용어로 전통적인 농업 대신 제조업이 중심이 되는 기술혁명이라는 뜻이다.

제1차와 제2차 산업혁명은 기계의 발명이 폭증하면서 등장한 제조업이 전통적인 농업을 누르고 주력 산업으로 성장하는 혁명이었다. 때문에 제조업을 뜻하는 '산업혁명'이다. 그러나 제3차와 제4차 산업혁명은 제조업 중심의 산업사회를 서비스 중심의 디지털사회로 변환시키는 중이다. 따라서 산업혁명이라기보다는 디지털혁명이라고 부르는 것이 맞다.

자동차를 예로 들어보자. 산업혁명이 만들어낸 자동차는 기본적으로 기계 장치였다. 그러나 디지털혁명으로 자동차는 더이상 기계 장치가 아니라 디지털 디스플레이, 카메라와 각종 센서, 운영체제OS, 첨단 운전 보조시스템과 같은 디지털 기술로 이루어진 전자 장치이다. 엔진과 연료탱크를 없애고 대신 전기모터와 배터리를 장착한 전기차는 더욱 그렇다. 더욱이 조만간 상용화될 자율주행차는 운전자 조작 없이 스스로 움직인다. 이는 디지털 두뇌인 인공지능이 실시간 자동차 주변의 사물들의 움직임을 감지하는 고성능 센서를 통해 얻은 데이터를 분석하고 판단할 수 있기 때문에 가능하다.

테슬라Tesla는 코로나 팬데믹을 거치면서 전 세계 자동차 회사 중 시장가치가 가장 큰 회사로 급성장했다. 이는 테슬라가 전기차EV를 만들기 때문보다는 자율주행차AV의 선두 주자이기 때문이다. 핸드폰이 전화만 받는 기계가 아닌 스마트폰인 것처럼 자율주행차는 단순히 주행만 하는 기계가 아닌 스마트카가 될 것이다. 자동차는 움직이는 디지털 플랫폼이 되어 주거·사무·엔터테인먼트 공간이 될 것이다. 또한 사람들은 굳이 자동차를 소유하지 않고 필요할 때만 자율주행차를 부르는 '공유'도 새로운 자동차 문화가 될 것이다. 이른바 전기, 자율주행, 공유가 스마트 모빌리티의 키워드가 되고 있다.

컨설팅 회사 딜로이트Deloitte의 전망에 따르면 전기차의 총 판매대수는 2020년 250만 대에서 2030년에는 3110만 대에 달할 것이다.[11] 또 다른 컨설팅 회사 KPMG는 2030년의 신차 중 절반은 전기차일 것이라고 전망하고 있다.[12] 테슬라, 웨이모Waymo에 이어 GM, 포드, BMW, 현대차 등 거의 모든 자동차 회사들이 전기차로 생산을 전환하고 자율주행차를 상용하기 위한 준비를 하고 있다. 세계 최대의 테크 기업인 애플Apple도 자율주행차 산업에 조만간 본격적으로 뛰어들 것이다. 컨설팅 회사 리서치앤드마켓ResearchAndMarkets은 2030년이 되면 전 세계적으로 연간 1200만 대의 자율주행차가 판매될 것으로 전망한다.[13]

자율주행수단은 자율주행차뿐만 아니라 트럭, 드론, 항공기, 잠수정, 보트 등 다양하다. 이 모두 인공지능의 발달 때문에 가능한 것들이다. 인공지능은 자율주행수단뿐만 아니라 재료공학, 생명공학 등 다른 많은 산업과 융합되면서 공상과학소설 속 이야기를 현실로 만들고 있다.

인공지능은 알고리즘을 사용하여 데이터를 학습하는 머신러닝machine learning을 통해서 자신의 수준을 끊임없이 높일 수 있다. 따라서 데이터를 많이 갖고 있는 것이 기업의 경쟁력이고 국가의 경쟁력이다. 애플, 마이크로소프트, 아마존, 알파벳, 페이스북, 텐센트, 알리바바 등 세계적으로 시가 총액이 큰 기업들이 모두 이런 디지털혁명 기술을 핵심으로 삼는 플랫폼 기업들이다. 이들은 디지털 플랫폼에서 개인들의 정보, 즉 빅데이터를 수집해서 경쟁력을 높인다.

애플은 소프트웨어(서비스업)뿐만 아니라 아이폰, 맥북, 아이패드, 에어팟과 같은 하드웨어 제품들을 판매한다. 그러나 애플은 이들 제품을 자체 생산하지 않는다. 대신 폭스콘Foxconn, 위스트론Wistron, 페가트론Pegatron 등의 외국 기업들이 아이폰을 주문 생산한다. 이밖에 중국의 고어텍Goertek, 럭스쉐어Luxshare와 같은 기업도 애플의 에어팟을 생산한다. 애플은 신제품과 디자인을 개발하고 마케팅을 할 뿐이다. 그리고 웨어러블 제품과 앱스토어, 클라우드 등의 서비스 비중이 섬섬 증가하고 있다. 즉 애플은 제조 기업이 아니라 서비스 기업인 것이다. 많은 기업들이 애플처럼 필요한 제품 제조는 아웃소싱을 하는 플랫폼 기업을 지향하고 있다.

초연결 네트워크의 힘

호모 사피엔스는 지구상의 다른 동물들에 비해 신체적으로 크거나 강하지도, 빠르지도 않은 종이다. 그럼에도 불구하고 사피엔스는 지구상에서 가장 강력한 존재가 되었다. 이러한 성공은 우리의 뇌가 경쟁자보다 더 똑똑한 덕분이다. 사피엔스는 추상적 사고를 더 잘하고, 도구를 더 잘 사용하고, 사냥감과 포식자의 행동에 더 잘 적응할 수 있다. 또 다른 성공의 이유로 제시되는 것은 우리 인류가 다양하고 유연한 방식으로 다른 사람들과 오래 지속되는 관계를 형성할 수 있다는 것이다. 이러한 관계 맺기 능력과 높은 지능이 결합되어 호모 네안데르탈리스 등 다른 인류를 정복하고 지구를 지배하게 되었다.

인간이 다른 사람들과 관계를 형성할 수 있는 이유는 언어의 발달 덕분이다. 고고학자들과 인류학자들에 의하면 7만 년 전쯤 인류는 새로운 사고방식과 의사소통방식을 사용하기 시작했다. 돌연변이에 의한 것이라는 학설도 있지만 원인은 분명치 않다. 다만 분명한 것은 사피엔스는 전에 없던 방식으로 생각하고 새로운 유형의 유연한 언어를 사용함으로써 서로 의사소통을 자유롭게 할 수 있게 된 것이다.

5천 년 전쯤에는 티그리스강과 유프라테스강 유역인 메소포타미아에서 처음 문자가 발명되었다. 이것이 수메르인들의 쐐기문자이고, 이집트인들도 비슷한 시기에 별개의 상형문자 체계를 만들어냈다. 3천2백 년 전쯤인 기원전 1200년경에는 중국에서도 또 다른 문자 체계가 만들어졌다.

이로써 인류는 문자로 신화와 수필, 일기, 편지, 법률 등 많은 이야기를 기록하였고 이를 통해 사후에도 후손들과 연결되었다. 인간 간의 네트워크가 현세뿐만 아니라 후세에까지 가능하게 된 것이다. 문자는 처음에는 동굴 벽이나 거북이 등껍질, 짐승의 뼈에 기록되는 게 거의 전부였으나 점차 종이가 등장하면서 보다 정교한 기록이 가능해졌다. 또 한 번의 획기적인 네트워크혁명은 인쇄술의 발명이었다. AD 700~800년경 중국, 한국 등지에서 조판인쇄술이 발명되었고 1000년경 중국 송나라에서 활자인쇄가 시작되어 한국과 일본, 동남아시아에 전파되었을 뿐만 아니라 실크로드를 거쳐 유럽까지 전파되었다. 이로써 더욱 많은 지식과 정보들이 교환되고 전달될 수 있었다.

산업사회 이전까지는 일부의 사람들만 이를 읽고 쓸 수 있었다. 이후 보통교육이 일반화되자 대다수의 사람들이 읽고 쓰는 것이 가능해졌다. 이제 소수가 아닌 대다수의 사람들이 동시대뿐만 아니라 과거와 지식과 정보를 교환하게 된 것이다.

디지털혁명으로 인류는 초연결사회hyper-connected society를 만들고 있다. 디지털혁명이 만들어낸 첫 번째 단계의 초연결사회는 20세기 말 인터넷 보급과 WWW의 확산과 함께 시작되었다. 사람들은 이제 컴퓨터를 통해 전 세계의 지식과 정보를 몇 번의 클릭만으로 탐색하고 서로 이러한 정보를 교환할 수 있다. 지식과 정보를 암기하는 능력보다는 인터넷상에서 빠르게 지식과 정보를 찾아내는 능력이 중요한 세상이 된 것이다.

스마트폰의 등장과 함께 디지털사회는 더욱 빠르고 손쉬운 초연결사회가 되었다. 이제는 컴퓨터 대신 스마트폰으로 언제 어디서나 빠르고 간편하게 세상과 연결이 가능하다. 게다가 스마트폰은 1970년대의 슈퍼컴퓨터보다 100만 배나 더 성능이 좋은 '울트라 슈퍼컴퓨터'이다.

디지털혁명이 만든 초연결사회는 여기서 멈추지 않는다. 이제 2차원의 초연결사회가 3차원의 메타버스 초연결사회로 변하고 있다. 사람들은 로블록스Roblox와 같은 메타버스에서 게임과 온라인 콘서트를 즐기고, 친구들을 만나기도 한다. 이에 맞춰 마크 주커버그Mark Zuckerberg는 페이스북Facebook이었던 회사명을 메타 플랫폼스Meta Platforms로 변경하고 2차원적인 SNS를 3차원의 메타버스로 바꾸고 있다. 페이스북과 함께 아마존, 애플과 같은 초대형 테크 기업들은 확장현실을 구현하는 스마트안경을 사용하여 가상세계에 빠지는 세상을 만들어내기 위한 경쟁을 하고 있다.

디지털혁명이 지구상의 모든 인류를 초연결하기 위해서는 전 세계 모든 곳에서 초고속 인터넷 접속이 가능해져야 한다. 이를 위해 스페이스엑스SpaceX가 추진하는 스타링크Starlink는 저궤도에 12,000개의 인공위성을 쏘아 올려 전 세계 어디에서든 초고속 인터넷이 가능하도록 하게 하는 것을 목표로 삼았다. 2018년 2월 첫 번째 테스트 위성을 쏘아 올린 이후 2022년 8월 현재까지 총 2,600개 넘게 쏘아 올렸으며 전 세계 32개국에서 서비스를 제공하고 있다. 아마존의 카이퍼 프로젝트Project Kuiper도 저궤도 인공위성 3,236개를 띄워 위성 인터넷망을 제공하고자 한다. 영국의 완웹OneWeb 역시 648개의 인공위성을 발사하여 위성 인터넷망을 구축 중이다.

초고속 광대역 위성 인터넷망의 보급으로 사피엔스 전 인류는 스마트폰만으로 더욱 쉽고 빠르게 지식과 정보를 교환하고 교육, 생산, 놀이에서 더욱 효율적으로 협동하며 살게 되었다. 호모 사피엔스가 지구를 지배할 수 있게 된 이유가 관계 맺기 능력이라는 주장을 받아들인다면 이제 인류는 물리적 공간뿐만 아니라 가상적 공간에서의 초연결사회를 구축함으로써 더욱 강력한 힘을 갖게 된 것이다.

인공지능로봇

디지털사회를 인체에 비유하면 인공지능AI: Artificial intelligence은 인간의 두뇌 역할을, 디지털 네트워크는 신경세포의 역할을, 각종 센서와 사물인터넷은 눈, 코, 귀와 같은 역할을 한다. 이를 통해서 얻어진 정보가 AI가 필요로 하는 빅데이터이다. AI는 소프트웨어 알고리즘 자체로서도 존재하지만 로봇과 같이 기계와 한 몸이 되어 존재하기도 한다.

AI에 대한 정의는 다양하다. 예를 들어, 스튜어트 러셀Stuart Russell과 피터 노르빅Peter Norvig은 AI를 '지능적인 에이전트'로 정의한다.[14] 여기서 '에이전트'는 센서를 통해 환경을 인식하고 해당 환경에 따라 행동하는 소프트웨어 시스템을 의미하고 '지능'은 결과를 극대화하는 행동을 선택하는 능력을 의미한다. 유럽연합 집행위원회European Commission는 AI를 '특정 목표를 달성하기 위해 어느 정도의 독립성을 가지고 환경을 분석하고 행동하는 지능을 가진 시스템'으로 정의 내린다.[15] 어떤 알고리즘이나 방법이 AI를 구성하는지에 대한 합의는 없으나 경험을 통해 스스로 학습하고 개선하는 머신러닝이 일반적이다.

AI의 역사는 1950년대 영국의 앨런 튜링이 AI 관련 논문을 발표하면서 시작되었다. 1950년대부터 1970년대까지는 컴퓨터 논리 알고리즘이 개발되는 시기였다. 이후 1980년대 초반 AI 추론 개념이 생겨나면서, 뉴럴 네트워크neural network, 퍼지이론fuzzy theory 등 AI 이론의 기초가 확립됐다. 상업적 데이터베이스 시스템 개발이 시작된 것도 이 무렵이다. 1990년대에는 인간의 뉴런 구조를 본떠 만든 신경망 이론이 부상했다. 신경망 이론에 기반해 머신러닝과 같이 데이터를 통해 규칙을 유추하는 방식을 합친 딥러닝deep learning이 탄생한 것이다. 쉽게 말해 지식을 프로그래밍하는 종전의 방식이 아닌 인간의 뇌가 작동하는 방식처럼 AI도 스스로 배우게 해야 한다는 제프리 힌튼(현재 구글 석학연구원)의 생각이 만들어낸 단어였다. 인간 두뇌에 있는 뉴런의 네트워크 구조를 기반으로 하는 딥러닝 시스템은 수천만 또는 수십억 개의 텍스트, 이미지 또는 사운드 클립 예제를 사용하여 훈련된다.

AI 딥러닝의 급속한 발전은 2010년대 초반 컴퓨터가 대용량 컴퓨터를 실행할 수 있을 만큼 강력해지고 인터넷이 그러한 네트워크에 필요한 엄청난 양의 훈련데이터를 제공하게 되면서부터이다. 글로벌 빅테크 기업들은 AI 기술에 대한 투자를 확대하고 나섰다. 구글은 2014년 영국 AI 프로그램 개발 회사인 딥마인드DeepMind를 인수했고, IBM, 애플 역시 딥러닝 방식의 AI 개발에 집중하고 있다.

2016년 알파고가 세계 최상위급 바둑 프로기사 이세돌 9단을 이기면서 세계를 놀라게 한 이후 AI는 이제 고성능 센서, 사물인터넷, 신경망, 모바일 연결 장치, 클라우드 컴퓨팅 기술과 결합되면서 경제뿐만 아니라 정치, 사회, 문화 전 부문의 변화도 가져오고 있다.

이미 주식 투자의 상당 부문은 AI 알고리즘에 의해 자동으로 이루어지고 있다. 시장 추세와 등락의 움직임에 따라 기회를 포착해 신속하게 거래하는 알고리즘을 인간이 이길 수 없기 때문이다. AI는 많은 양의 데이터를 분석해야 하는 급여, 세금, 은행, 회계 업무 등에서 활용이 확대되고 있으며, 무엇보다 단순 중복 작업을 자동화해서 업무 효율을 높일 수 있다. 회사는 AI를 활용해 현금 흐름을 예측할 뿐만 아니라 파산 가능성을 예측해 재정 문제가 심각해지지 않도록 대응이 가능하다. 업스타트Upstart라는 금융 플랫폼 기업은 스코어카드 방식의 전통적인 FICO 모델을 이용한 대출심사 대신 인공지능을 이용하여 기존 대출의 부도와 연체 관련 데이터를 분석해서 금융기관이 빠른 시간에 부실 위험을 보다 정확하게 계산해서 더 많은 대출을 할 수 있도록 도와 준다.

AI는 이제 원격 의료나 원격 모니터링에서도 활용 범위가 넓어지고 있다. AI는 엑스레이 사진을 읽거나 대장내시경 검사 중 용종을 제거

할지 여부를 실시간으로 결정하는 데에도 활용되며, 인간 의사와 함께 진료도 한다. IBM의 인공지능 왓슨Watson은 질병과 치료 기록, 정밀검사와 유전자 데이터 등의 최신 의학 지식을 비교·분석해서 환자에게 개인 맞춤형 치료법을 권해 주기도 한다.

AI는 법률과 판례를 연구하고 분석함에 있어서 변호사, 검사, 판사의 역할을 보조할 수 있다. 인공지능이 당장 인간 법조인을 대체하지는 않겠지만 법직 결과를 예측하고 심지어는 신고 또는 보석에 대한 사법적 결정을 권고하는 데 사용되기 시작했다. 이를 통해 업무 효율을 높일 뿐만 아니라 인간의 판단 실수를 피할 수 있다. 최근 상장된 CS 디스코CS Disco는 미국 전역의 로펌에 AI를 기반으로 소송과 관련한 문서를 찾아 분석해 주는 디스커버리 서비스를 제공하고 있다. 이 외에도 톰슨 로이터스Thomson Reuters의 웨스트로 엣지Westlaw Edge 서비스는 AI를 기반으로 법률 연구를 제공하며 렉스 머시나Lex Machina는 AI를 이용하여 사건 자체에 대한 법적 분석뿐만 아니라 개별 판사와 상대 변호사에 대한 분석을 종합해서 판결을 사전 예측한다. AI 콤파스COMPAS는 판사가 보석이나 선고 결정을 함에 있어서 조언하는 역할을 수행 중이다.

기사의 상당 부분도 알고리즘에 의해 작성되고 있는 현실이다. 자동화 내러티브 생성 프로그램 기업인 내러티브 사이언스Narrative Science의 공동 창립자이자 노스웨스턴대 크리스티안 해몬드Kristian Hammond 교수는 2020년대 중반이 되면 뉴스의 90퍼센트가 알고리즘에 의해

작성될 것이라고 예측했다.[16]

저자의 직업인 교수도 비슷한 길을 걸을 것으로 보인다. 2020년 코로나 팬데믹이 전 세계적으로 확산되자 대부분의 국가에서 대학들이 온라인 교육으로 전환했다. 일반적으로 대학에서 교수 한 명은 한 학기에 평균 3학점짜리 세 과목 정도를 강의한다. 그리고 효율성을 높인다는 이유로 강좌당 수강 인원은 제한되어 있어, 여러 명의 교수가 동일한 과목을 강의하는 게 일반적이다. 그런데 온라인 강의를 하게 되면 강좌당 수강 인원을 제한할 필요가 없어진다. 차라리 과목마다 최고의 강의를 하는 한 명의 교수가 모든 학생을 대상으로 강의하는 게 더 효율적일 것이다. 나아가 각 대학의 경계를 둘 필요도 없다. 전국의 모든 대학에서 선택한 대표 교수 한 명이 전국의 모든 대학생을 대상으로 강의할 수도 있다. 모든 대학의 강좌가 1000개 정도라고 한다면 강의를 담당하는 교수는 1000명이면 된다. 국가마다 경계를 둘 필요도 없다. 전 세계 모든 학생들을 대상으로 과목당 한 명의 교수만 있으면 되는 것이다. 언어의 경계는 빠르게 발전하고 있는 자동 통번역기를 이용하면 문제될 것이 없다. 어쩌면 대표 강좌조차도 인간 교수가 아니라 전 세계의 모든 최신 지식을 머신러닝으로 학습한 AI가 더 잘할 수 있지 않을까 싶다. 게다가 AI 교수는 전 세계 수십만 명의 학생들의 눈동자의 움직임과 표정을 보면서 맞춤형 강의도 가능할 것이다.

강의를 AI에게 빼앗긴 인간 교수는 창의적인 능력을 요구하는 연구만 하면 되겠다 싶겠지만 이마저도 많은 경우 AI에게 빼앗길 수 있다. AI는 이미 가장 창의적인 직업으로 꼽히는 글쓰기마저 인간 수준에 도달했기 때문이다. 프랑스 경영대학원 인시아드Insead의 필립 파커Philip M. Parker 석좌교수는 특허 받은 알고리즘 시스템으로 20만 권 이상의 책과 130만 개 이상의 시를 썼다.

AI는 디지털세계에서 존재하는 알고리즘이지만 기계 장치인 로봇과 결합되면서 스마트로봇smart robot으로도 변신하고 있다.[17] 로봇이라는 단어는 1920년 체코의 극작가 카렐 차펙Karel Capek이 만든 희극 〈롯섬의 만능로봇RUR: Rossum's Universal Robots〉에서 처음 사용된 것으로 알려져 있다. 이때만 해도 로봇은 그야말로 공상과학 속 이야기였을 뿐이었다.

로봇은 이미 수십여 년 전부터 인간과 동거를 시작했다. 이전의 로봇은 주로 공장생산 공정을 자동화하는 산업용으로 사용되었지만, 이제는 AI와 결합된 스마트로봇이 대부분이다. 산업 현장에는 인간과 협업하는 코봇Cobot: Collaborative robot이 본격적으로 등장하고 있다. 코봇은 로봇이 인간의 접촉으로부터 격리되는 기존 산업용 로봇과 달리 인간 작업자들을 근거리에서 돕는 로봇이다. 대량생산이 공장의 일반적인 모습이던 산업사회와 달리 디지털사회에서는 스마트 팩토리의 다품종 소량생산이 일반적인 모습이다. 스마트 팩토리는 수없이 많은 사물인터넷으로부터 얻어진 데이터를 이용해서 누가 어떤 제품을 원하는지를 인공지능이 시시각각 파악해서 로봇과 3D 프린팅 기술로 생산해서 즉시 공급한다. 스마트 팩토리는 전 세계의 수요와 공급, 재고를 실시간으로 파악해서 소량의 재고만으로 소비자에게 적시 공급할 수 있다.

이제 로봇은 우리 생활 속에서도 함께하기 시작했다. 식당에서는 주문을 받고 음식을 서빙할 뿐만 아니라 피자를 굽고 햄버거와 초밥을 만들기도 한다. 배달 로봇은 포장된 상자와 음식을 자율주행과 드론을 이용해 집까지 배달하기 시작했다. 슈퍼마켓과 병원, 노인돌봄 시설에서도 점점 더 로봇이 인간의 역할을 대신하고 있다. 호텔의 리셉션 데스크에서 손님을 맞기도 한다. 집에서 가정부와 비서의 역할을 하던 로봇은 이제 아내와 남편의 역할을 대신할 태세다.

소니는 아이보AIBO라는 로봇강아지를 1999년 처음 출시했고 2018년에는 4세대 모델인 ERS-1000을 약 3000달러에 출시했는데 최대 100개 이상의 얼굴을 인식할 수 있고 50개 이상의 음성 명령에 응답한다. 아마존이 개발한 아스트로Astro라는 가정용 로봇은 바퀴와 카메라 그리고 디스플레이가 달려 있는데 주인을 따라 다니며 좋아하는 음악이나 팝캐스트를 틀어주고 전화와 알람을 전달해 준다. 가족 간에 물건과 메시지를 전달해 주고, 부재중일 때 가족 이외의 사람을 발견하거나 특정 소리를 감지하면 알림을 보낸다. 집안 곳곳을 움직이며 문과 창문이 열려 있는지, 가스레인지 불이 잠겨 있는지 등을 확인도 한다. 삼성전자가 CES 2021에서 처음 선보인 삼성 봇 핸디Samsung Bot Handi는 이동하며 다양한 집안일을 도와준다. 핸디는 여러 형태의 물체들을 인식해서 잡고 옮길 수 있으며 방 청소나 설거지와 같은 집안일을 처리할 수 있다.

통신사 텔레포니카Telefonica가 마코 로보틱스Macco Robotics 등과 협력해서 만든 바텐더 로봇 키메Kime는 12개 언어로 대화가 가능하고 안면 인식을 통해 고객 개개인을 식별해서 고객의 취향을 알아내고 농담을 건네기도 한다. 5G로 서버와 연결돼 대용량의 데이터를 실시간으로 분석하기 때문에 바로 고객 대응이 가능한 것이다. 로봇은 이제 인공지능뿐만 아니라 5G로 빅데이터, 클라우드 컴퓨팅 기술과 결합되고 있다. AI로봇과 사물인터넷IoT이 결합되고 있는 것이다. 또한 텔레포니카는 5G 통신에 AI, 드론, 로봇을 모두 접목한 물류 서비스도 준비 중이다. 물류창고에서 AI가 상자의 무게와 부피, 크기를 파악하고, 로봇 팔이 배송지에 따라 분류하거나 옮긴다. 인간 직원은 창고 내부를 날아다니는 드론과 VR 고글을 쓰고 AI와 로봇팔의 작업을 실시간으로 감독만 하면 된다.

중국 기업 샤오미는 사족 보행 로봇 '사이버도그'를 시판 준비 중이다. 터치 센서, 카메라, GPS 등 11가지 센서를 탑재했고, 스마트폰 앱과 음성 인식으로 제어가 가능하다.

이렇듯 로봇은 인간을 돕는 목적으로 만들어지고 있다. 국제로봇연맹IFR은 로봇이 인간에게 주는 다양한 혜택을 다음과 같이 정리한다.[18]

"로봇은 제조, 물류, 소매와 같은 분야에서 무거운 물건을 옮기는 것과 같은 힘든 작업을 하면서 생산성을 높여 준다. 로봇은 또 생산 공정을 최적화하고 에너지 소비를 최소화함으로써 탄소 배출을 줄이고 재료 낭비와 불량품을 줄인다. 의약품 및 의료기기 생산의 효율성을 개선하고, 병원을 청소 및 소독하고, 간호사가 침구와 의약품을 가져와서 환자 치료에 집중할 수 있도록 돕고, 노인이 더 오래 독립적으로 생활하도록 돕고, 환자가 뇌졸중과 같은 상태를 개선하고 신체 장애가 있는 사람들의 이동성을 증가시켜 준다. 농업에서 살충제 사용과 에너지 소비를 줄이고 물을 절약함으로써 식품의 품질과 지속가능성을 개선한다."

로봇은 전쟁에서 인간을 대신하는 군용 로봇military robot으로까지 발전했다. 군용 로봇은 운송에서 수색 및 구조, 공격에 이르기까지 군용으로 설계된 자율 로봇 또는 원격제어 모바일 로봇이다. 군용 로봇은 인간의 목숨을 지켜 주기도 하지만 인간의 목숨을 빼앗을 수도 있기에, 인간에게 위협이 되기도 한다.

인공지능과 결합된 로봇은 또한 인간의 육체적 노동뿐만 아니라 정신적·지적 노동까지 대체한다. 이는 앞선 산업사회에서는 기계가 인간의 육체적 노동력만을 대체한다는 점에서 크게 다르다. 그야말로 산업혁명을 뛰어넘는 '초대형 디지털혁명'이 일어나고 있는 것이다.

새로운 인류의 이름

피터 멘젤과 페이스 달라우지오는 『로보 사피엔스』(2000)에서 실제 생명체와 같은 지능로봇 시대가 이미 시작됐으며 로봇과 인간이 하나의 생명체인 '로보 사피엔스Robo Sapiens'로 발전하게 될 것이라고 예견했다.[19] 『이코노미스트』는 2015년 2월 기사에서 스마트폰 없이 살 수 없는 신인류에게 '포노 사피엔스Phono Sapiens'라는 이름을 붙였다.[20] 심지어 역사학자인 이스라엘의 유발 하라리는 7만 년의 역사를 거쳐 지구를 정복한 호모 사피엔스Homo Sapiens가 이제는 유전공학, 인공지능, 나노기술혁명으로 신Deus의 영역이라 여겨지던 '불멸'의 경지까지 이르는 '호모 데우스Homo Deus'가 될 수도 있다고 예언했다.[21]

조만간 코로나 팬데믹은 종식될 수 있겠지만, 우리 삶은 예전으로 돌아가지 않을 것이다. 대신 새로운 인류로의 진화는 계속될 것이다. 새로운 인류의 이름은 호모 디지털Homo Digitalis이다. 이미 새로운 인류의 이름으로 디지털 혁명에 따라 사피엔스가 로봇과 결합된 로보 사피엔스, 스마트폰으로 모든 일을 해낼 수 있는 포노 사피엔스, 삶과 죽음을 결정하는 신의 영역까지 도달할 수 있는 호모 데우스로 불리지만 이를 모두 포괄하는 이름은 '호모 디지털'이다.

새로운 인류의 이주

현생 인류인 호모 사피엔스는 30만 년 전쯤 아프리카에서 기원한 것으로 본다. 이후 사피엔스는 13만여 년 전쯤 아프리카를 벗어나 유라시아로 이주했다. 그리고 6만 년 전쯤 호주 대륙으로, 1만5천 년 전쯤 아메리카 대륙으로 이주했다.

인류학자들은 사피엔스의 기나긴 이주의 원인으로 여러 가지를 들고 있으나, 무엇보다 사슴이나 양, 매머드, 순록과 같은 사냥감의 이동을 따라 이동했을 것이다. 그리고 인구가 늘어나면서 일부는 새로운 곳으로 내몰릴 수밖에 없었을 것이다. 자연재해로 인해 삶의 터전과 먹잇감이 없어져 이주를 할 수밖에 없었을 수도 있다.

사피엔스가 호주로 이동할 때에도 호주는 유라시아 대륙으로부터 바다로 분리된 섬이었다. 당연히 인도네시아 해안 어디에선가 배를 타고 갔을 것이다. 사피엔스가 아메리카 대륙으로 이주할 때는 시베리아 북동부와 알래스카 북서부가 육지로 연결되어 있었다. 그래서 배를 타고 위험한 항해를 하기보다는 육지로 걸어서 이동했을 것이다. 시베리아와 알래스카의 가혹한 겨울 날씨를 견뎌야 했기에 항해보다는 더 위험했을 수도 있다.

사피엔스는 이렇듯 넓은(!) 물리적 지구를 정복했지만 오늘날 대다수는 지구의 극히 일부분인 도시에 모여 살고 있다. 전 세계 현생 인류의 56%가 도시에 살고 있는데 이러한 도시 집중화는 18세기 중엽 시작된 산업혁명 이후 사람들이 공장과 사무실이라는 일터에 모여서 생산 활동을 하면서 나타난 현상이다. 그러나 인간은 자연과 떨어져 인간끼리만 모여 살게 되면서 도리어 인간성이 상실되고 감염병에 취약해졌다. 이번 코로나 팬데믹이 전세계로 빠르게 확산된 것은 도시에 밀집되어 살고 있는 인간들끼리의 전염이 용이해졌기 때문이다.

2020년의 갑작스런 팬데믹으로 인류는 온라인 교육과 재택근무 같은 거대한 실험을 강요받았다. 그 결과, 온라인 교육과 재택근무가 만족도와 생산성을 높일 수도 있음을 알게 되었다. 또한 사무실에서 근무하는 인원이 줄어들게 되면 회사는 사무실 임대료와 유지비용을 절약할 수 있다. 하이브리드 방식 또는 전면적인 재택근무 방식으로의 전환은 디지털 기술 때문에 가능했고 팬데믹 기간 동안 기술은 더욱

발전했다. 팬데믹이 끝나도 인류는 예전의 교육과 근무방식으로 완전히 돌아가지 않을 것이다. 예전의 교육방식과 온라인 교육을 병행하는 '하이브리드hybrid' 교육 방식과 사무실 근무와 재택근무를 병행하는 '하이브리드' 근무 방식이 일반화될 것이다. 집중이 필요한 작업은 집에서 하고 동료와의 직접적인 협업이 필요한 작업은 사무실에서 하는 방식의 분업이 예가 될 수 있다. 기업의 입장에서는 재택근무에 만족도가 높은 우수한 인재를 유치하기 위해서는 이쩔 수 없이 하이브리드 방식 또는 전면적인 재택근무 방식을 도입하지 않을 수 없을 것이다.

원격 디지털 협업 솔루션을 제공하는 줌Zoom은 2022년 1월 개최한 근무전환서밋Work Transformation Summit에서 미래에는 상시 출근자가 2%에 그칠 것이라고 전망했다. 에릭 위안Eric Yuan 줌 창업자 겸 CEO는 "오늘날 근무work는 더이상 장소place를 뜻하지 않는다"면서 "협업하는 공간space으로서 근무가 새롭게 정의될 것"이라고 말했다. 줌의 조사에 의하면 일하는 장소를 선택하지 못하면 그만두겠다는 직원이 39%, MZ세대에서는 49%였다. 앞으로 대다수의 회사에서는 전면 출근보다는 원격 근무나 출근과 원격 근무를 병행하는 하이브리드 근무로 바뀔 것이다. 이제 디지털 노마드digital nomad가 대세가 되는 시대로 접어들고 있는 것이다.

원격 근무는 국경도 초월한다. IT 기업들은 국경을 초월해서 우수한 인재를 채용하는 데 특히 적극적이다. 뉴욕이나 실리콘밸리에 본사를 둔 회사의 직원이지만 한국에서 채용되고 한국에서 살면서 일할 수 있다. 한국에서도 집이든 카페든 원하는 장소에서 세계 각지의 동료들과 메신저나 이메일, 화상회의 등의 디지털 도구로 소통하며 협업해서 일한다. 원격 해외취업은 외국으로 이주하는 것이 아니기 때문에 취업비자를 얻을 필요도 없다.

국제적인 통계 전문 컨설팅 회사 스테티스타Statista에 따르면 평균적으로 미국인이 2019년 디지털 미디어에서 보낸 시간이 6.8시간이었는데 코로나 팬데믹이 발생한 2020년에는 7.8시간으로 증가했다. 2011년에는 3.6시간과 비교하면 두 배 이상 긴 시간이다.[22] 여기에는 구글 검색뿐만 아니라 페이스북, 인스타그램, 틱톡과 같은 SNS, 화상회의, 음악, 스마트폰 앱 등에서 보낸 시간들을 모두 포함된다. 24시간 중 잠자는 시간을 제외하면 거의 절반의 시간을 디지털세계에서 보내는 것이다.

지구 전역으로의 이주를 끝낸 지 만 5천 여 년이 지난 지금 사피엔스의 신생 인류인 디지털 휴먼은 드디어 새로운 이주를 시작했다. 이른바 0과 1로 이루어진 가상의 디지털세계, 이른바 메타버스meterverse로의 이주이다. 1992년 닐 스테판스의 소설 『스노우 크레시』에 처음 등장한 메타버스는 현실의 물리적 지구를 초월한 디지털 환경의 세상으로 증강현실AR: augmented reality이나 가상현실VR: virtual reality을 의미한다. 가상세계에서의 비즈니스, 학습, 쇼핑, 엔터테인먼트 등이 삶의 중요한 일부가 된 세상이다.

마크 주커버그Mark Zuckerberg는 페이스북Facebook이었던 회사명을 메타 플랫폼스Meta Platforms로 변경하고 2차원적인 SNS를 3차원의 메타버스로 바꾸고 있다. 엔비디아Nvidia의 CEO인 젠슨 황Jensen Huang은 메타버스를 옴니버스Omniverse라고 부르는데 오늘날 인터넷의 3D 확장으로 정의했으며 가상 경제가 실제 경제보다 훨씬 더 클 것으로 기대한다.[23]

사람들은 메타버스에서 만남을 갖거나, 게임과 온라인 콘서트를 즐기며 물건을 사고팔 수 있다. 소비자는 AR을 활용하여 특정 가구가 집에 어떻게 맞는지 가상으로 확인하고 화장품이나 안경을 미리 가상으로 사용해 볼 수 있다. 주커버그는 10년 내에 TV나 컴퓨터가 물체가 아니라 홀로그램으로 변화될 것이고, 소비자는 AR 안경을 사용하여 가상세계에 완전히 빠지는 세상이 될 것이라고 본다. 메타뿐만 아니라 마이크로소프트, 애플, 구글과 같은 빅테크 기업들이 모두 AR 또는 VR 고글 헤드셋 개발 경쟁에 뛰어들고 있다.

구찌Gucci는 2021년 5월 이탈리아의 플로렌스에 있는 구찌 가든의 가상 버전을 로블록스에 만들었다. 가상세계에서 플레이어는 아바타를 벗고 마네킹으로 변신한 다음 다양한 구찌 가상 아이템을 입어볼 수 있었다. 구찌 가든 체험은 단 2주 동안 진행됐지만 2000만 명에 가까운 사람들이 방문했다. 특히 퀸비 디오니수Queen Bee Dionysus 가방은 처음 475로북스Robux(5달러 정도의 로블록스 화폐 단위)에 판매되었지만 이후 판매된 최고 가격은 $4,115였다. 이는 실제 가방 가격인 $3,400보다 높은 가격이었다. 로블록스 플랫폼 내에서만 사용할 수 있는 가상 제품임에도 불구하고 말이다.

나이키Nike는 로블록스에 나이키랜드Nikeland를 만들었는데 가상의 경기장에서 게임을 할 수도 있고 제품 쇼룸에서는 아바타에게 가상 신발과 의류를 입혀볼 수도 있다. 나이키는 현재 나이키랜드를 무료로 제공하면서, 신제품에 대한 피드백을 얻기도 하며 젊은 세대와 소통할 수 있는 기회로 활용하고 있다.

로블록스는 아바타 기반 공연을 주최하고 미니 게임(예: 물건 찾기) 및 가상 상품으로 가상세계를 만들기 위해 여러 아티스트와 파트너 관계를 맺기도 한다. 2020년 11월, 로블록스는 소니Sony 및 릴 나스 엑스Lil Nas X와 협력하여 가상 콘서트를 개최했는데 3,700만 명 이상이 방문했고 1,000만 달러의 가상 상품을 판매하기도 했다. 이밖에도 많은 아티스트들이 로블록스에서 새 앨범을 출시하고, 이를 기념해서 팬들과 가상세계에서의 파티를 개최하고 있다.

인스타그램, 페이스북 및 틱톡에 제품을 연결하는 컴퓨터 생성 캐릭터인 가상 인플루언서virtual influencer도 각광받는 세상이다. 가장 잘 알려진 가상 인플루언서는 미켈라 소사Miquela Sousa로 인스타그램 팔로워가 3백만 명에 달하는 가상의 19세 브라질계 미국인이다. 미켈라 소사는 2018년 시사주간지 『타임』에서 '인터넷에서 가장 영향력 있는 인물 25인' 중 한 명으로 선정되기도 했다. 가상 인간virtual human은 실제 인간과 달리 사진 촬영에 늦지도 않고, 추문에 휩싸이지도 않고,

늙지도 않는다. 미켈라 소사와 같은 가상 인간은 세계 각국에서 탄생하고 있으며, 2022년 현재 200명 이상의 가상 인플루언서들이 활동 중이다.[24] 한국에는 22세의 로지가 2021년 태어나 신한라이프 광고모델로 활동을 시작했다.

코로나 사태가 마무리되어도 메타버스로의 이주는 계속될 것이다. 이에 따라 인류가 도시의 좁은 공간에 거주할 필요성은 점점 줄어들 것이다. 30만 년의 사피엔스 역사를 돌이켜보면 도시에 모여 사는 기간은 극히 짧다. 역사적 경험을 토대로 한다면, 신생 인류는 가상세계인 메타버스로의 이주와 함께 현실세계에서도 도시를 떠나 전원으로 이주하려 할 것이다. 이렇게 되면 메타버스에서 인간 간의 긴밀한 네트워크를 형성할 수 있고 자연과의 관계도 회복할 수 있을 것이다. 반면 메타버스에만 몰입한다면 현실 생활을 황폐하게 하고 인간관계 단절을 가져올 수도 있다. 코로나 팬데믹 이후 인류가 새로운 이주를 시작하면서 직면하게 될 현실이다.

메타버스에서의 모든 행위도 현실에서와 마찬가지로 사람들이 공유하는 상상 속의 존재라는 점에서 다를 게 없다. 현실세계에서도 국가, 종교, 회사와 같이 보이지 않는 것을 믿는 것처럼 가상세계에서도 사람들은 이러한 가상의 것들을 만들어내고 그 속에서 활동할 것이다. 일상세계와 가상세계의 경계는 갈수록 흐릿해질 것이다.

인류는 유발 하라리가 『사피엔스』에서 얘기하는 것처럼 수만 년 전에도 볼 수도 없고 만질 수도 없는 전설, 신화와 같은 허구, 즉 가상의 실재를 믿었다. 농업혁명과 함께 문화라는 것이 만들어지기 시작한 이후에도 국가, 화폐와 같은 가상의 실재를 믿어왔다. 볼 수도 없고 만질 수도 없는 국가라는 가상의 실재를 위해서 서로 모르는 사람들이 집단을 만들어 싸우고 문화를 만들었고, 화폐를 얻기 위해서 서로 모르는 사람들이 거래를 하면서 경제 발전을 이룩해 왔다. 이와 같이 이러한 허구를 믿는 힘이 유발 하라리의 주장대로 호모 사피엔스가 네안데르탈인과 같은 다른 인류뿐만 아니라 지구상의 모든 동식물을 지배하게 되는 원동력이 되었을 수 있다.

메타버스야말로 가상의 실재이며 허구이다. 수만 년 동안 가상의 실재를 믿어 왔던 인류에게 메타버스가 전혀 이상할 것이 없다. 그렇기 때문에 전설, 신화, 국가, 화폐와 같은 허구가 그래왔던 것처럼 메타버스 속의 허구도 물리적인 현실세계에서 엄청난 힘을 발휘할 것이다.

2

노인사회

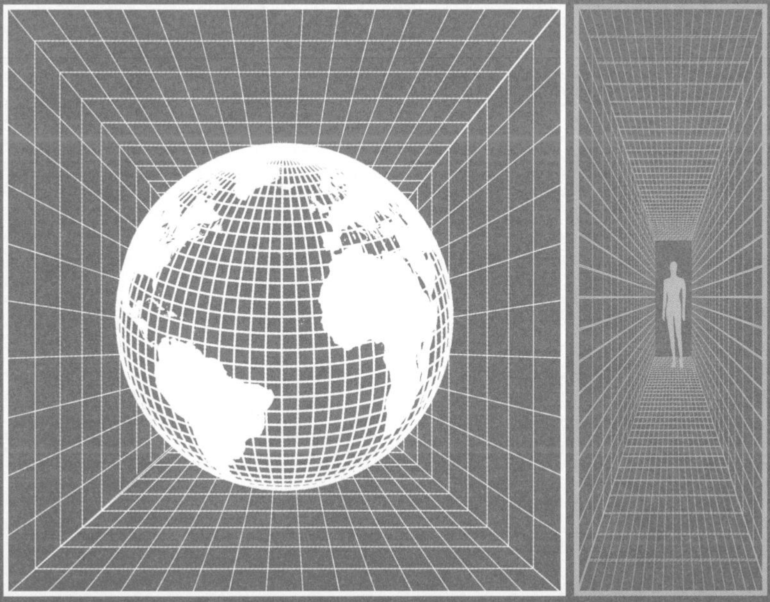

산업혁명이 가져온 인간 수명의 거대한 가속

농업혁명이 시작되던 즈음인 1만 년 전 지구상에는 1백만~1천만 명의 인류가 살았다. 농업혁명과 함께 사람들이 한곳에 정주하기 시작하면서 출산율이 증가했다. 그렇다고 수렵채집사회에 비해 농업사회에 수명이 증가한 것은 아니었다. 오히려 짧아졌다는 주장도 있다. 무엇보다 한곳에 모여 살면서 질병이 들끓었고 영양 공급이 소수의 작물에 편중되었기 때문에 영양 상태가 좋지 않았다. 더욱이 가뭄이 드는 해에는 한 지역 또는 나라 전체 주민의 상당수가 기아에 시달리고 굶어 죽었다.

때문에 농업사회가 본격화된 이후 인간의 기대수명은 기껏해야 이전과 비슷한 수준이었다. 여러 자료를 종합해 보면 수렵채집사회 인류의 기대수명은 20세 초반에서 30세 초반 정도였는데 농업혁명 이후인 로마시대까지 거의 비슷한 수준을 유지했다. 이후 중세시대부터 18세기 중엽 산업혁명이 시작되던 시점까지도 35세에서 40세 정도에 지나지 않았다.[25] 기대수명이 이처럼 낮은 것은 높은 유아사망률 때문이었다. 태어난 아이는 두 명 중 한 명도 다섯 살까지 살지 못했다. 운좋게 살아남아 유소년에 이르게 되면 대략 50~55세까지 살았다.

농업혁명이 일어나기 전까지만 해도 최대 1천 만 명 정도였던 지구상의 인구는 기원후AD 1세기 즈음 최대 4억 명까지 증가했다. 산업혁명이 시작되던 무렵인 1800년에는 10억 명까지 인구가 증가했다. 오늘날 세계 인구는 80억 명을 육박하고 있다. 산업혁명 이전 1800년 동안 2.5배 정도 인구가 증가했는데 산업혁명 이후 2백여 년 만에 무려 8배 인구가 증가한 것이다.

농업혁명과 함께 인구가 증가하기 시작한 것은 출산율이 높아졌기 때문이다. 산업혁명과 함께 인구가 더욱 급속도로 늘어난 것은 출산율이 높아져서가 아니라 기대수명이 증가했기 때문이다. 예를 들어 영국의 기대수명은 산업혁명 초기인 1800년 즈음 40세에 불과했으나 1900년에는 50세로 높아졌고, 2000년에는 77세로 높아졌다.[26] 반면 출산율은 1800년에 4.97명이었다가 1900년에는 3.63명으로 낮아졌고 2000년에는 1.74명으로 낮아졌다.[27] 사피엔스 인류 전체의 평균 기대수명은 1800년 28.5세에 불과했으나 1900년에 32세가 되었고 2000년

엔 두 배가 넘는 66.3세가 되었으며, 2019년 기준 72.6세이다. 산업혁명 이후 인간의 기대수명이 기하급수적으로 증가한 것이다. 특히 유럽, 미주, 오세아니아서 태어난 인간의 기대수명이 가장 빨리 증가했다.

이처럼 기대수명이 높아진 원인은 유아사망률의 극적인 감소 때문이다. 예를 들어 영국의 5세 미만 유아사망률은 1800년 33%에서 1900년에는 23%, 2000년에는 0.7%로 감소했다.[28] 산업혁명 초기만 하더라도 영국에서 태어난 아이들 중 다섯 살을 넘긴 아이는 100명 중 70명도 되지 않았지만, 그로부터 2백 년 후에는 100명 중 99명 이상이 다섯 살 이후까지 살아남았다.

영국뿐만 아니라 오늘날 선진국에서 태어난 아이는 거의 대부분 별 탈 없이 성인으로 성장한다. 1880년 43%에 달했던 0~5세의 유아사망률은 2017년에는 3.9%에 불과하다(그림 2-1). 무엇보다 공중보건과 의료기술의 발전과 함께 대부분의 어린이들이 디프테리아, 파상풍 및 백일해 등 거의 모든 종류의 예방접종을 받고 있기 때문이다. 산업혁명이 농업기술의 혁신과 비료의 발명을 가져와 농업생산량을 극적으로 증가시킨 것도 수명 증가에 큰 역할을 했다. 아직까지도 지구의 곳곳에서 많은 사람들이 깨끗한 물과 식량 부족, 열악한 의료 서비스로 자연수명을 다하지 못하고 사망한다. 그러나 가장 경제 발전이 늦은 아프리카에서조차 1900년대 초 26세였던 기대수명은 2000년이 되자 53세가 되었고, 2019년에는 63세로 높아졌다(그림 2-2).

그림 2-1 산업혁명 이후 영아(0~5세) 사망률 추이, 1800~2020.

출처: https://ourworldindata.org/child-mortality

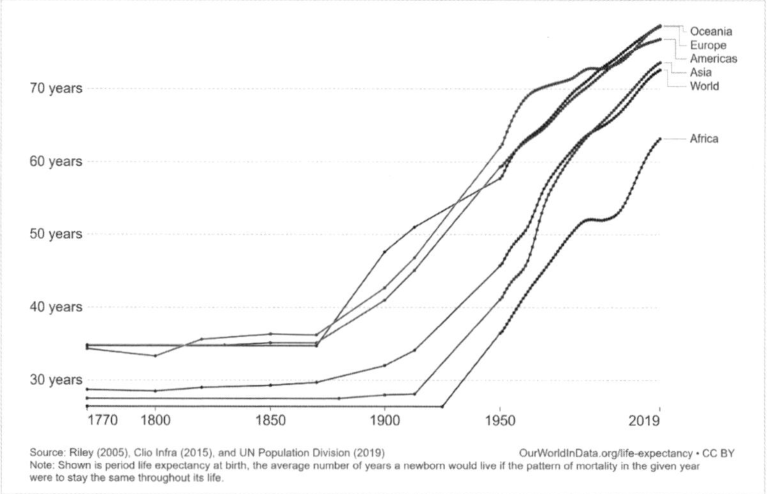

그림 2-2 산업혁명 이후 인간의 기대수명 추이, 1770~2019.

출처: https://ourworldindata.org/life-expectancy

디지털혁명이 가져오고 있는 인간 수명의 거대한 가속

농업혁명과 산업혁명에 이어 세 번째 울트라 메가 혁명인 디지털혁명이 진행 중이다. 디지털혁명은 앞선 두 번의 울트라 메가 혁명보다 훨씬 빠른 속도로 인류의 삶을 바꾸고 있다. 무엇보다 디지털혁명은 인간의 수명을 거대한 가속Great acceleration으로 증가시키고 있다. 인간 생명의 비밀을 감추고 있던 유전자 지도의 실체가 인간게놈프로젝트를 통해 드러남으로써 유전적 성격을 가진 모든 질병을 사전적으로 예방할 수 있고, 질병이 발발한 후에도 개인의 유전적 차이에 맞추어 개별적 치료가 가능한 세상이 되었다. 세포의 생체 시계를 거꾸로 돌려 질병이나 부상 및 장애로부터 인체를 회춘回春시키는 것을 목표로

하는 연구도 빨라지고 있다.

또한 휴대 가능한 전문가용 진단 및 치료 기기, 건강 센서, 사물인터넷IoT 기반의 헬스케어 디바이스와 서비스, 3D 프린팅, 인공지능로봇을 활용한 진단 및 치료 의사결정 지원 등이 모든 디지털 기기들의 수명 연장을 가능하게 하는 수단들이다.

인간게놈프로젝트

이제는 인간이 신의 영역을 침범하는 세상이다. 많은 사람들은 신은 인간을 창조했다고 믿는다. 인간의 탄생과 죽음은 인간의 선택이 아니라 신의 결정에 따른 것이라는 믿음이다. 그러나 디지털기술과 융합된 생명과학은 인간의 탄생과 죽음을 인간이 선택하게 한다.

인간게놈프로젝트Human genome project는 미국, 영국, 일본, 프랑스, 독일, 중국의 20개 대학과 연구소가 참가한 국제 과학연구 프로젝트로 1990년 시작되어 2003년 4월 완료를 선언했다. 게놈genome은 유전자gene와 염색체chromosome의 두 단어를 합성해서 만든 용어로, 생물에 담긴 유전 정보 전체를 말한다. 인체는 수조 개의 세포로 이루어져 있으며, 각 세포핵에는 1쌍의 성염색체(여성은 XX, 남성은 XY)를 포함한 23쌍의 염색체가 있다. 염색체는 생물체의 유전자 비밀이 담겨 있는 DNA 덩어리다. DNA는 아데닌(A), 티민(T), 구아닌(G), 시토신(C)의

4가지 염기가 나열된 이중나선 구조로 돼 있다. 사람의 경우 세포마다 대략 31억 쌍의 염기가 존재한다. 인간게놈프로젝트는 인간 DNA를 구성하는 약 31억 쌍의 염기를 결정하고 인간 게놈의 매핑mapping 및 시퀀싱sequencing을 하는 것을 목표로 했다. 매핑은 DNA를 길게 펴고 잘라서 지도를 제작하는 것이고 시퀀싱은 DNA 서열을 해독하는 것을 뜻한다. 2003년 4월 완료 선언 당시에는 게놈의 약 85%만 포함되었고 완전한 게놈 시퀀싱은 2021년 5월 완성되었다.[29]

엄청난 규모의 데이터를 처리해야 하는 게놈 시퀀싱은 디지털 기술의 발전 때문에 가능했다. 게놈 시퀀싱은 디지털 기술이 2년마다 두 배씩 발전한다는 무어의 법칙을 뛰어넘는 기하급수적인 속도로 빨라지고 비용은 크게 줄어들었다(그림 2-3). 최초의 인간 염기서열을 얻는 데 수십억 달러가 들었지만 이제 시퀀싱 비용은 약 1000달러도 되지 않는다.

채취한 정자와 난자에 대한 게놈 시퀀싱으로 머리 좋고, 용모가 뛰어나고, 질병 우려가 없는 정자와 난자만을 골라 수정함으로써 슈퍼맨을 탄생시킬 수 있다. 태어난 후에도 게놈 시퀀싱으로 질병과 관련한 유전자를 발견하고 사전적으로 대처할 수 있다. 예를 들어 암, 당뇨병, 알츠하이머와 같은 질병의 위험을 증가시키는 유전적 변이를 발병하기 전에 확인해서 대처함으로써 발병 가능성을 크게 줄일 수 있다. 할리우드 스타인 안젤리나 졸리Angelina Jolie는 본인의 유전자 검사를 통해 평생 유방암 위험이 약 87%, 난소암이 50%임을 알고 2013

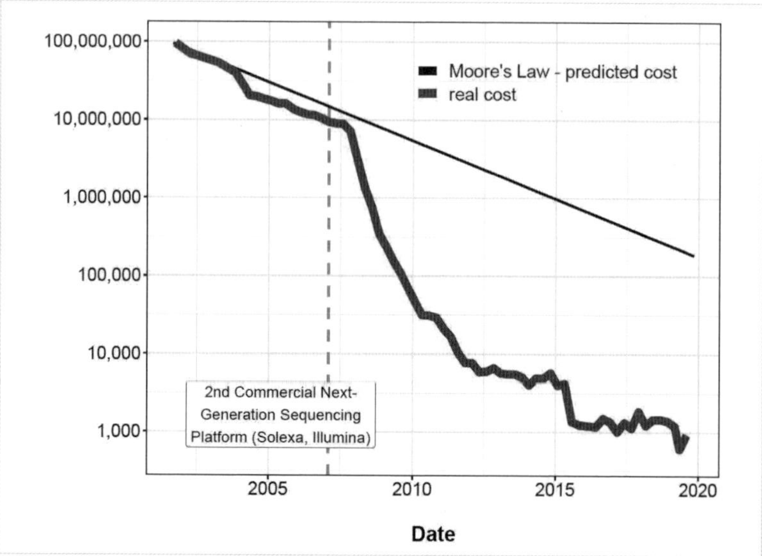

그림 2-3 무어의 법칙을 뛰어넘는 인간 게놈 시퀀싱의 처리비용 감소 추세

출처: National Human Genome Research Institute

년 예방적으로 유방 절제술을 받았다.

이제는 유전자의 특정 위치에서 유전물질을 추가, 제거 또는 변경할 수 있는 유전자편집genome editing 기술까지 가능해지고 있다. 이 기술을 이용하면 배아embryo 내에서 특정 유전 특질을 갖거나 특정 질병에 저항력이 있도록 게놈을 만들 수 있다.

질병을 치료하거나 형질을 변경하기 위해 유전자편집을 사용한다는 아이디어는 1950년대 DNA의 이중나선 구조의 발견으로 거슬러 올라간다. 당시 연구자들은 DNA의 염기서열이 대부분 부모에서 자손으로 전달되고 서열의 작은 변화가 건강과 질병의 차이를 의미할 수 있다는 것을 발견했다. 따라서 유전 질환을 유발하는 '분자 실수molecular mistakes'를 식별해서 이를 수정하면 질병을 예방하거나 되돌릴 수 있을 것이라는 희망을 갖게 되었다.

유전자편집은 미국 캘리포니아대학 버클리 캠퍼스UC, Berkeley의 제니퍼 도우드나Jennifer Doudna 교수와 프랑스 엠마뉴엘 샤르팡티에Emmanuelle Charpentier 박사가 2012년에 연구자가 원하는 위치에서 DNA를 정밀하게 제거하고 삽입할 수 있는 편집기술인 크리스퍼CRISPR-Cas9를 개발하면서 유전학에 혁명을 일으켰다. 이들은 크리스퍼라고 불리는 박테리아 면역 시스템의 분자 메커니즘을 해독하고 이를 게놈 편집 도구로 용도 변경한 것이다. 이들은 이 공로로 2020년 노벨화학상을 받았다. 그리고 이 기술은 메사추세츠공과대학MIT의 펑 장Feng Zhang 교수와 그의 동료들에 의해 포유류 세포에 효과적으로 작용하도록 업그레이드되었다.

유전자편집은 암, 심장병, 당뇨병, 알츠하이머병, 파킨슨병, 백내장, 혈우병, 면역결핍증 같은 인간의 유전성 질병을 예방하고 치료하는 데 사용할 수 있으며 바이러스 유전자를 표적화함으로써 감염성 질병을 치료하기 위한 항바이러스 치료제를 만드는 데 사용할 수 있다.[30] 유전자편집은 인간의 질병을 치료하는 것뿐만 아니라 지능을 높이거나 보다 아름다운 외모를 만들기 위해서도 사용될 수 있다. 그 편집된 유전자가 신체 세포에 있으면 해당 유전자를 받은 사람과 함께 죽겠지만 생식 세포에 있게 되면 세대를 거쳐 유전될 수도 있다.

때문에 유전자편집과 관련한 윤리적, 사회적 의미에 대한 논의가 계속되어 왔다. 특히 유전자편집 기술의 도약적인 발전은 이러한 논의를 가중시킨다. 크리스퍼 기술을 처음 개발한 도우드나 교수를 비롯한 많은 과학자들은 최소한 인간 유전자편집의 안전성과 윤리적 의미가 충분히 고려될 수 있을 때까지 크리스퍼 기술을 인간에 적용하는 것을 자제해야 한다고 주장한다. 반면 다른 연구자들은 새로운 기술이 많은 인간의 고통을 경감시키는 열쇠를 쥐고 있으며 이를 보류하는 것은 비윤리적이라고 말한다. 이런 논란 속에서 중국 남방과학기술대학 허젠쿠이He Jiankui 연구원은 2018년 말 세계 최초의 유전자편집 인간인 쌍둥이 아기가 탄생했다고 발표함으로써 세계를 놀라게 했다. 인간이 신의 창조 영역을 침범하고 있는 것이다.

항노화 기술

2022년 1월 미국 샌프란시스코에서 출범한 항抗노화 바이오 기업 알토스 랩스Altos Labs의 목표는 세포의 생체 시계를 거꾸로 돌려 질병이나 부상 및 장애로부터 인체를 회춘시키는 것이다. 베이 에어리어 과학연구소Bay Area Institute of Science, 샌디에고 과학연구소San Diego Institute of Science, 캠브리지 과학연구소Cambridge Institute of Science가 참여하고 있다.

세계 최고 부자인 아마존 창업자 제프 베이조스와 억만장자 유리 밀너Yuri Milner가 30억 달러(약 3조6000억 원)를 투자했으며, 연구진에는 노벨상 수상자를 비롯해 세계 각국 항노화 석학들이 대거 합류했다.

현대인은 질병보다는 노화로 사망하는 경우가 더 일반적이다. 몸을 노화시키는 한 가지 원인은 세포 노화이다. 우리 몸의 세포는 끊임없이 세포 분열이라는 과정을 거친다. 나이가 들면서 일부 세포들은 분열을 멈추고 죽지만, 몸을 떠나지 않고 축적되어 염증을 비롯해 각종 질병을 일으킨다. 메이요 클리닉Mayo Clinic의 교수이자 미국 노화연구연맹American Federation for Aging Research 회장인 제임스 커클랜드James Kirkland 교수팀은 몸의 불필요한 노화 세포를 죽이는 약물을 개발하고 있다. 유니티 테크놀로지Unity Technology도 노화로 세포분열을 멈춘 세포들을 찾아내 없애는 약을 개발 중이다. 구글의 모회사인 알파벳의 사업부인 칼리코Calico는 벌거숭이두더지쥐naked mole-rat가 수명이 같은 크기의 다른 쥐보다 10배 이상인 것을 발견하고 그 이유를 찾는 중이다.

노화를 막는 방법뿐만 아니라 젊음을 되살리는 방법도 모색되고 있다. 세포 회춘이라고도 하는 세포 재프로그래밍cell reprogramming은 오래된 세포를 태어날 때의 신선하고 흠집이 없는 세포로 변형시키는 방법이다. 교토대 야마나카 신야 의학교수는 4개의 단백질이 세포를 원래 상태로 되돌릴 수 있음을 발견해 2012년 노벨상을 수상했다. 영국 바브라함연구소Babraham Institute는 사람 피부 세포의 역분화를 도중에 중단하면 젊게 변하는 것을 발견했다. 역분화를 이용한 회춘은 좀 더 기초 연구 성과를 축적해야 하겠지만 이 방법이 실제 적용되면 그야말로 시간이 거꾸로 갈 수도 있다.

인간은 나이가 들면 잔여 수명은 줄어든다는 것이 자연의 법칙이다. 그러나 이제는 폭발적으로 발전하는 건강과 수명에 관한 기술 혁신 덕분에 나이가 들면서 잔여 수명은 도리어 늘어날 수도 있는 세상이다. 그야말로 시간이 거꾸로 가는 날도 멀지 않았다.

웨어러블 기기

스마트 팔찌, 시계, 반지 및 패치와 같은 '웨어러블wearable' 기기들은 수면, 온도, 호흡, 혈압, 산소 포화도, 혈당, 수분, 알코올, 심장 박동 등 인간의 삶을 정확하고 섬세하게 측정할 수 있다. 이렇게 측정된 정보는 질병을 예방하고 치료하는 데 크게 도움을 준다. 이미 많이 보편화되어 있는 애플워치Apple Watch, 핏빗Fitbit, 오우라링Oura Ring과 같은 웨어러블 건강 추적기는 피트니스 트래커, 걸음 수 측정, 달리기 및 수영 속도, 운동 중 심박수 등을 측정함으로써 건강 상태를 지속적으로 관리하고 질병의 발생을 조기에 찾아낼 수 있다. 예를 들어 애플워치와 핏빗은 심장의 박동을 추적해 심장 부정맥이나 심장마비, 뇌졸중과 같은 질병을 조기에 발견할 수 있다. 걸음걸이, 팔 흔들기 등의 방법의 변화를 감지해서 파킨슨병을 초기 단계에 발견하기도 한다. 또한 질병이 발생한 후에도 질병 상태를 지속적으로 관리하고 개인 맞춤형 치료에 도움을 줄 수 있다. 더욱이 웨어러블 기기는 지속적으로 수집된 개인별 데이터를 기반으로 인공지능 기반 앱이 식사는 무엇으로 할지, 환자의 부상 정도에 따라 어떤 운동을 할지, 언제 산책을 갈지 등과 같은 개인화된 조언도 제공한다. 수백만에서 수억 명에 연결되어 얻어진 데이터는 신약의 임상 연구와 새로운 치료법을 찾는 데에도 활용될 수도 있다.

영국 주간지 『이코노미스트The Economist』는 "정량화된 자신: 데이터가 어떻게 인간을 오래 살게 할 수 있나The quantified self: How data can help you live longer"라는 기사에서 웨어러블의 급속한 보급으로 의학혁명이 진행 중이라고 보도했다.[31] 웨어러블과 인공지능은 특히 조기 진단, 개인 맞춤 치료, 만성질환 관리 등 세 가지 면에서 의료 서비스를 재편하고 비용을 낮추고 생명을 구하는 데 점점 더 큰 역할을 할 것이다.

애플은 스위스의 모든 시계 제조 기업들이 판매하는 시계보다 더 많이 애플워치를 판매한다. 2020년 기준 전 세계적으로 매년 2억 개 이상의 스마트워치가 판매되고 있는데 스마트워치의 현재 보급 속도는 인터넷이나 스마트폰의 초기 보급 속도와 비슷하다.[32] 특히 코로나 팬데믹으로 원격의료가 확대되자 사람들이 집에서 건강을 모니터링하는 웨어러블을 더 많이 사용하게 되었다. 2021년 기준 미국인 4명 중 1명이 스마트워치를 소유하고 있다. 서유럽의 선진국들도 비슷할 것으로 추정된다. 조만간 주요 선진국의 국민 2명 중 1명은 스마트워치와 같은 웨어러블 기기를 차게 될 것이다. 선진국뿐만 아니다. 의료 체제가 갖춰지지 않은 아프리카에서 스스로 건강을 모니터링할 수 있는 웨어러블 기기가 주민들의 건강을 획기적으로 개선할 수도 있다.

숙면은 건강한 삶을 유지하는 데 매우 중요하다. 수면 부족은 심장병에서 비만에 이르기까지 많은 질병의 원인이 된다. 구글이나 아마존과 같은 대기업을 포함한 많은 디지털 테크 기업들은 수면의 질을 기록하고 추적하는 고리와 머리띠, 숙면을 유도하는 음향기기, 완벽한 순간에 잠을 깨우는 스마트 알람시계를 개발하고 있다. 각 개인마다 신진대사가 다르기 때문에 음식 선택도 달라야 한다는 연구 결과가 늘어나고 있다. 이에 따라 머신 러닝 알고리즘을 사용하여 무엇을 언제 먹을지 알려주는 앱도 개발되고 있고, 피부에 동전 크기의 장치를 부착해서 혈당 수치를 실시간 추적하는 기술도 개발 중이다.

두뇌 인터페이스

사고로 인한 척수 손상으로 다리를 움직일 수 없어도 신경을 자극하는 장치를 장착해서 걷게 할 수 있는 세상이다. 심각한 척추 손상 후에도 걷기와 같은 활동을 제어하는 신경은 손상된 조직 아래에 손상되지 않은 채로 남아 있는 경우가 많다. 신크론Synchron은 몸이 마비된 사람들이 컴퓨터를 조작할 수 있도록 하는 두뇌 인터페이스BCI: brain-computer interface를 개발하고 미국 규제 기관으로부터 중증 마비 환자를 대상으로 유사한 장치의 인체 실험을 시작하도록 승인을 받았다. 작은 신경 보철물인 스텐로드Stentrode를 목의 혈관을 통해 뇌에 삽입하여 마비된 사람들이 생각을 통해 컴퓨터를 비롯한 디지털 기기를 무선으로 조작하도록 돕는 것이다. 신크론은 이 외에도 간질, 우울증 및 고혈압을 포함한 신경계 상태를 진단하고 치료하는 등 다른 용도로도 사용할 수 있을 것으로 보고 있다. 엘론 머스크Elon Musk의 뉴럴링크Neuralink도 몸이 마비된 사람들이 컴퓨터를 조작할 수 있도록 하는 BCI를 개발 중이다.

마비 환자의 경우 손상된 조직이 뇌에서 오는 전기 신호를 차단하거나 약화시킨다. 스위스 로잔느 연방공과대학의 조셀린 블록Jocelyne Bloch 박사 연구팀은 휴면 신경을 표적으로 삼을 수 있는 전극이 있는 웨이퍼처럼 얇은 장치를 개발했다. 이 장치를 척수 손상을 입은 사람에게 이식해서 보행 중 부상을 입지 않은 사람의 신경에 정상적으로 존재하는 펄스를 모방한 전기 펄스를 전송한다. 이렇게 함으로써 환자가 휴면 상태였던 신경을 자발적으로 제어하고 다리를 움직여 걸을 수 있게 하는 것이다. 뿐만 아니라 수영과 자전거 타기도 할 수 있었다는 실험 결과도 발표되었다.[33]

3D 프린팅

3D 프린팅 인공장기를 만드는 기술의 발전도 빠르다. 궁극적인 목표는 환자에게서 세포를 채취하여 완전한 기능의 장기를 만들어 이식하는 것이다. 파티클3DParticle3D, 아담ADAM 등과 같은 기업들은 3D 프린팅으로 인체 이식에 사용할 수 있는 뼈를 생산한다. 이식된 인쇄 뼈는 자연적인 뼈의 성장을 자극하고 점차적으로 생분해되어 결국 환자의 뼈 조직으로 대체된다. 이들 회사는 뼈뿐만 아니라 3D 프린팅으로 혈관과 심장 판막도 만들 날이 멀지 않았다고 말한다. 특히 유전자편집 기술을 3D 프린팅 기술과 결합한 바이오프린팅bioprinting 기술로 피부, 뼈, 간, 심장, 혈관 등의 조직을 만들어낼 수 있다.

현재까지 의약품과 바이오 치료제는 뇌 손상을 효과적으로 치료하지 못했다. 옥스퍼드 마틴 프로그램Oxford Martin Programme은 3D 프린팅된 신경조직으로 뇌를 수리하는 새로운 접근 방식을 개척하고 있다. 이 프로젝트는 환자 자신의 줄기세포로 3D 프린팅하여 생산한 개인 맞춤형 신경 임플란트로 뇌를 복구하려는 시도이다. 이 프로젝트는 인간 줄기세포에서 뉴런과 지원세포를 생성한 다음 이 세포를 3차원으로 '사전 조직화pre organising' 한다. 그런 다음 시험관 내에서 세포를 배양한 후 동물에서 이식을 위한 피질 조직을 만드는 것을 목표로 하고 있다.

아기를 낳지 않는 사회

합계 출산율은 한 여성이 평생 낳을 것으로 예상되는 아이의 수를 말한다. 1950년만 하더라도 5명이었던 전 세계의 평균 출산율은 2020년 2.44명을 기록했다. 불과 70년 만에 절반으로 줄어든 것이다. 남성은 출산을 할 수 없으므로 출산율이 2.1명 정도면 현재의 성인 인구를 대체할 수 있다고 본다. 2020년에 2.44명이므로 인류 전체의 성인 인구를 대체할 수 있는 수준 이상이지만, 이는 2020년에 4.29명을 기록한 아프리카와 같은 저개발국가들의 출산율이 높기 때문이다. 그러나 아프리카도 1970년대 초 6.71명을 기록한 이후 빠르게 감소하고 있다(그림 2-4).

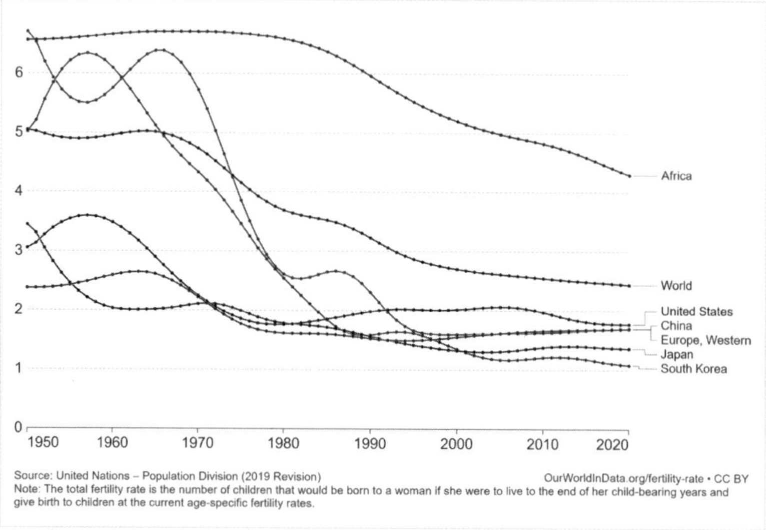

그림 2-4 **세계의 출산율 추이, 1950~2020.**

출처: https//ourworldindata.org/grapher/total-fertility-rate

1950년에 출산율이 가장 낮았던 미국, 서유럽, 일본 등과 같은 선진국들은 속도는 완만했지만 출산율이 계속 낮아져 왔다. 전 세계에서 합계 출산율이 가장 급격하게 감소한 나라는 한국이다. 한국은 1957년에 6.24명을 기록했는데 이는 같은 해 아프리카의 6.62명과 크게 다르지 않았다. 이후 급속히 감소하기 시작해서 1984년에 1.97명을 기록했고 2020년엔 0.84명을 기록했다. 전 세계 최대 인구를 갖고 있는 중국의 출산율 또한 매우 급격하게 감소 중이다. 중국의 합계 출산율은 1966년에 6.38명이었다. 이는 같은 해 아프리카의 6.71명과 유사한 매우 높은 수준이다. 그러나 이후 급속히 감소하기 시작해서 1992

년에 1.98명을 기록했고 2020년엔 1.70명까지 떨어졌다.

이처럼 전 세계적으로 출산율이 감소하는 이유는 매우 복합적이다. 소득 증가와 함께 여성들이 출산과 보육을 하기 위해 포기해야 하는 기회비용이 증가해 왔다.[34] 즉 여성들의 교육 수준과 권익이 높아지면서 점점 더 많은 여성들이 고소득을 얻을 수 있는 일을 할 수 있게 되어 출산과 보육을 위해서 일을 포기해야 함에 따른 손실이 커지게 된 것이다.

또한 유아사망률의 감소가 출산율의 감소를 가져 왔다. 과거 유아사망률이 높은 시대에는 여성은 자녀 손실에 대비하여 원하는 것보다 더 많은 자녀를 낳았다. 그러나 유아사망률이 낮아지면서 여성이 원하는 적정 자녀 수를 얻기 위한 출산율도 감소하였다.[35] 산업화 이후 사람들이 농촌에서 도시로 이주하면서 경쟁이 심화되고 교육을 포함한 양육비용이 증가한 것도 출산율 감소의 중요한 이유이다.[36] 즉 국가마다 조금씩 차이는 있지만 치열한 경쟁과 취업난, 높은 부동산 가격과 사교육 비용 등을 꼽을 수 있다.

이밖에 피임기구의 보급과 정부의 산아 제한 정책도 출산율 감소에 크게 영향을 미쳤다. 특히 지난 수십 년간 급격한 출산율 감소를 기록한 한국과 중국은 모두 정부가 '한 자녀 갖기 운동'과 같은 산아 제한 정책을 실시한 나라들이다. 중국은 1980년부터 한 자녀 정책을 계속하다가 출산율 감소가 심해지자 2016년부터 두 자녀 출산을 전면 허용했다. 그러나 저출산 추세는 꺾이지 않고 있다.

아울러 플라스틱 사용 증가, 컴퓨터 및 휴대폰 사용 증가에 따른 방사선 노출 증가, 살충제나 제초제 사용 증가에 따른 독성물질 노출 증가, 대기오염 심화에 따른 중금속 노출 증가 등으로 인해 남성의 생식능력이 저하되고 있는 것도 저출산의 원인으로 꼽힌다.

저자는 이에 더하여 인간의 수명 증가도 출산율 감소에 영향을 미쳤을 것이라고 생각한다. 동물의 세계에서는 수명이 짧은 동물일수록 번식력이 높다. 예를 들어 생쥐는 약 2년밖에 살지 못하지만 몇 주 만에 성적으로 성숙해지며 1년에 최대 8번까지 3~8마리의 새끼를 낳는다. 반면 코끼리는 최대 80년까지 살 수 있지만 일생 동안 기껏해야 10마리의 새끼를 낳을 수 있다. 독일의 막스 플랑크 진화 생물학 연구소Max Planck Institute for Evolutionary Biology의 스테파노 지아이모Stefano Giaimo와 아르네 트라울센Arne Traulsen은 수학적 모델을 이용해서 생존 확률이 증가하면 출산율이 감소한다는 것을 증명해 보였다.[37]

과거 인류는 일찍 죽는 대신 빨리 결혼해서 아기를 많이 낳았다. 본인의 DNA를 가능한 많은 후손에게 남기려고 하는 종족 보존의 본능 때문일 것이다. 그러나 산업혁명으로 보건의료 기술의 발전과 공중보건 및 백신의 보급으로 인류는 농경사회를 이루던 시절보다 두 배 이상 오래 살게 되었다. 현재 진행 중인 디지털혁명은 위에서 설명한 것처럼 그동안 신의 영역이었던 탄생과 사망을 조절할 수 있게 되었다. 이제 본인이 건강하게 오래 살 수 있으니 아기를 많이 낳아 종족을 보존할 필요성이 줄어들 수밖에 없다. 실제 산업혁명 이후 줄어들던 출산율은 최근 들어 더욱 크게 감소하고 있다.

아울러 디지털사회로 전환하면서 삶에 대한 가치관도 달라지고 있는 것도 출산율 하락에 점차 큰 영향을 미칠 것이다. 물리적 현실에서 맛볼 수 있는 즐거움 이상의 즐거움을 디지털세계에서 느낄 수 있고 돈도 벌 수 있고 연애와 결혼도 할 수 있는 세상에서 번거롭고 많은 비용과 위험을 초래할 수 있는 결혼과 출산을 선택할 이유가 점점 줄어들지 않겠는가.

기대수명의 증가와 저출산이 가져온 인구 구조의 고령화

2022년 현재 지구상에는 79억 명의 인간이 살고 있다. 유엔은 세계 인구가 2100년이 되면 112억 명이 될 것으로 예상한다. 아직까지 세계 전체적으로는 출산율이 2.1명을 넘기고 있고 기대수명은 계속 증가하기 때문이다.

이와 함께 인구 구조가 빠르게 변화하고 있다. 무엇보다 수명이 증가함과 함께 출산율이 감소하면서 인구 구조가 빠르게 고령화되고 있다. 2019년 처음 65세 이상 인구가 5세 미만 인구를 추월했다. 30만 년 인류 역사상 처음이다(그림 2-5). 유엔의 추계에 의하면 1960년 100명 중 5명이던 65세 이상의 인구가 2020년 기준 100명 중 9명이다.

반면 5세 미만 인구는 2020년 기준 100명 중 8.5명이다(그림 2-6).

세계에서 인구 고령화가 가장 많이 진행된 나라는 일본이다. 2020년 기준 일본의 65세 이상 인구 비중은 28%이다. 유럽과 북미의 선진국들도 인구 고령화 수준이 매우 높다. 이탈리아와 포르투갈도 23%에 달하는 초고령사회이고 미국도 17%이다. 한국(16%)도 인구 고령화가 빠른 속도로 높아지고 있다.

일본은 65세 이상 인구는 5세 미만 인구를 1978년에 추월했고, 25세 미만 인구도 2012년에 추월했다(그림 2-7). 더욱이 2009년 이후 총인구가 감소하고 있다. 이러한 추세라면 한때 1억 3천만 명을 육박하

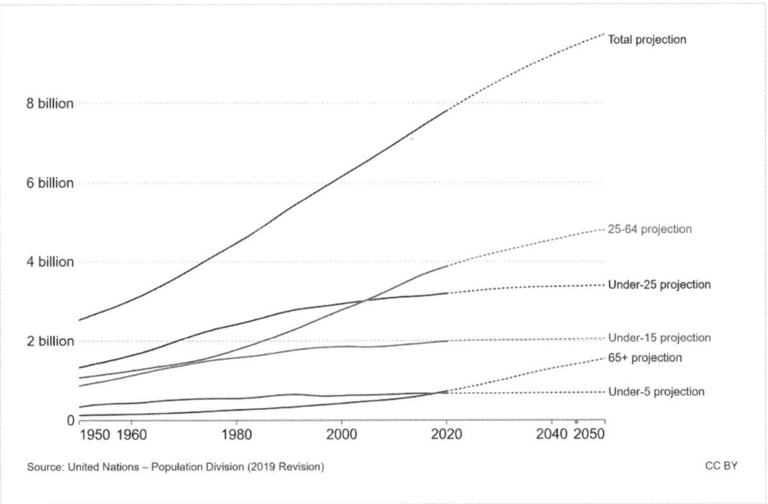

그림 2-5 세계의 나이 그룹별 인구 추이, 1950~2050.

출처: https//ourworldindata.org/age-structure

던 총인구가 2150년 이후부터는 1억 명 아래로 떨어질 것으로 전망된다. 일본에 이어 가장 빠르게 고령화가 진행 중인 나라가 한국이다. 한국의 65세 이상 인구는 5세 미만 인구를 2001년에 추월했고, 25세 미만 인구는 2026년 즈음에 추월할 것으로 전망되고 있다(그림 2-8). 총인구는 2021년부터 감소하고 있다.

중국은 2021년 기준 14억 명의 인구를 가지고 있는 세계 최대 국가이다. 그러나 출산율의 하락으로 2021년을 기점으로 인구가 감소하기 시작했다(그림 2-9). 인구 감소와 함께 고령화 속도도 빨라지고 있다. 중국의 65세 이상 인구는 5세 미만 인구를 2002년 추월했다. 더욱이 생산과 소비가 가장 활발한 25~64세 인구는 2019년부터 감소하고 있다.

중국의 경우에서 보듯 인구 고령화와 저출산은 더이상 선진국만의 현상이 아니다. 호모 사피엔스는 지구 어느 곳에서 살고 있는지 상관없이 점점 더 오래 살고 점점 더 적게 아이를 낳을 것이다.

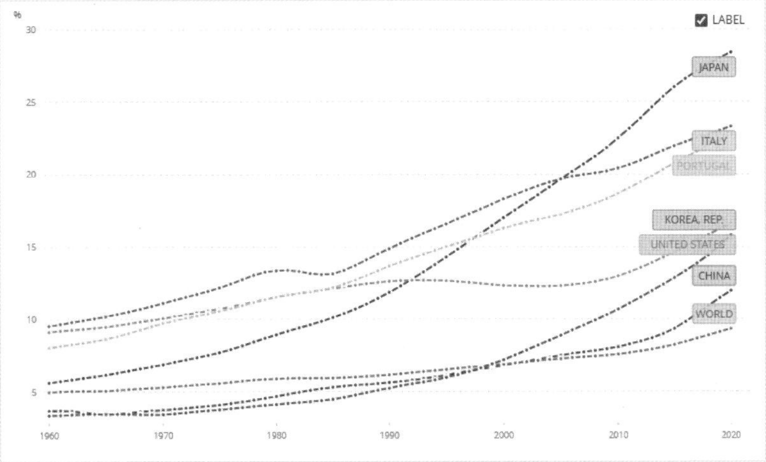

그림 2-6 세계의 65세 이상 인구 비중 추이, 1960~2020.

출처: https//ourworldindata.org/age-structure

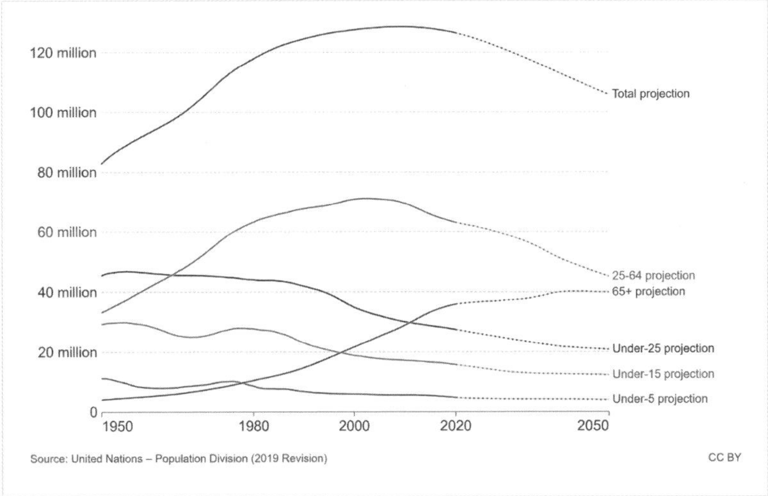

그림 2-7 일본의 나이 그룹별 인구 추이, 1950~2050.

출처: https//ourworldindata.org/age-structure

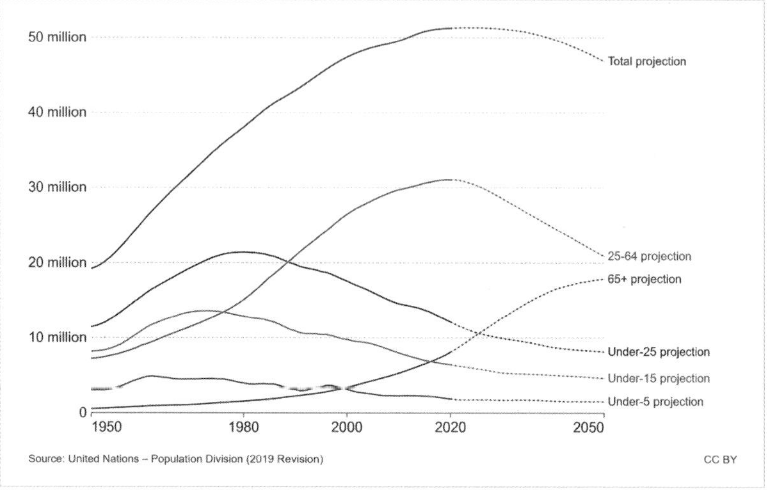

그림 2-8 **한국의 나이 그룹별 인구 추이, 1950~2050.**

출처: https//ourworldindata.org/age-structure

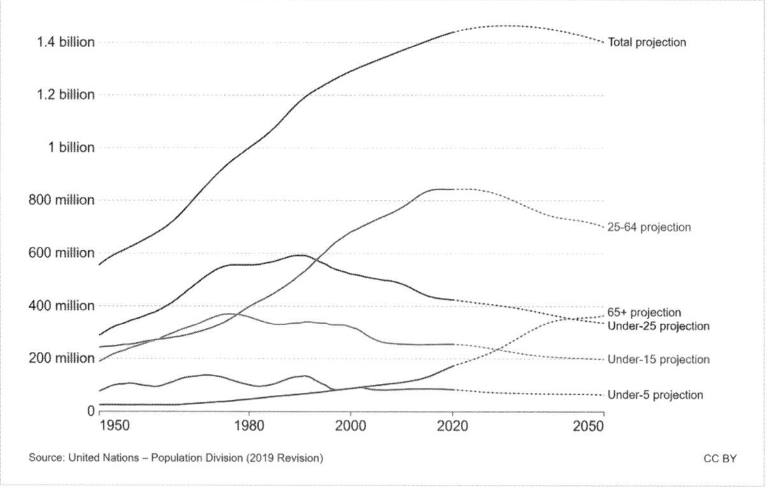

그림 2-9 **중국의 나이 그룹별 인구 추이, 1950~2050.**

출처: https://ourworldindata.org/age-structure

3

설국열차

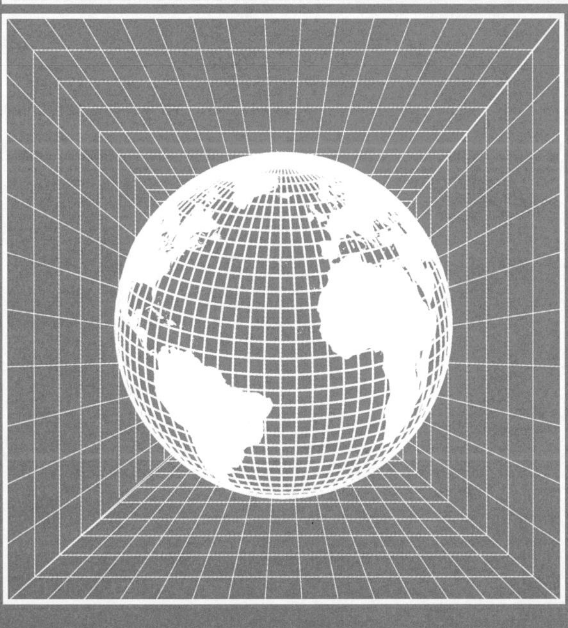

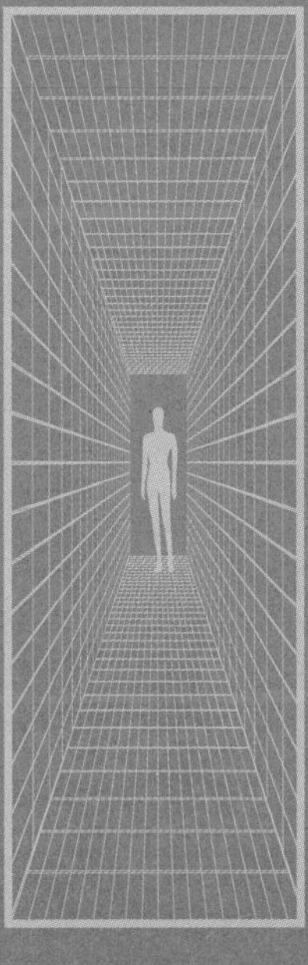

거대한 사기라는 농업혁명

인류는 30만 년 전 등장해서 29만 년 동안 동물과 식물을 사냥하거나 채집해서 먹고살았다. 이들은 수십 명 또는 수백 명으로 구성된 무리별로 공동체 생활을 했다. 엄청난 자연재해가 닥치지 않는 한 굶어 죽거나 영양실조에 걸리지 않았다. 개인 소유가 없었고 사회적 불평등이 없었다. 집단의 우두머리는 있었지만 그렇다고 모든 재산을 독차지하지 않았다. 소규모 무리로 먹을거리를 찾아 여기저기 떠돌며 독립적인 생활을 했기 때문에 전염병의 영향도 덜 받았다. 그리고 일하는 시간도 비교적 짧았다. 사냥은 가끔씩 하고 채집도 서너 시간이면 충분히 먹을거리를 구할 수 있었다. 그래서 수렵채집사회는 '최초의 풍요사회'라고 불릴만했다.

농업혁명과 함께 인류는 부락과 도시에 대규모 집단을 이루며 살게 되었다. 대규모 집단을 이루면서 국가와 제국이 탄생했고 지배 계급인 왕족과 귀족이 생겼다. 국가와 제국을 하나로 통합할 수 있는 신의 대리인인 사제가 생겼고, 나머지 사람들은 하층 계급인 평민과 노예가 되었다. 노예는 다른 도시나 국가를 침략해서 노획해 온 사람들도 있지만 같은 민속 중에서도 종교와 전통의 이름으로 태어날 때부터 낙인이 찍혔거나 빚을 갚지 못해 노예가 된 사람들도 있었다.

평민 계급인 농민들은 하루 종일 땅을 개간하고, 씨를 뿌리고, 물을 대고, 잡초를 뽑고, 수확하는 일에 매달렸다. 노예들은 이 중에서도 가장 힘들고 어렵고 더러운 일들을 도맡아야 했다. 가축화된 동물의 힘을 빌려 특정 작물을 집중적으로 경작하면서 공동체의 생산 총량은 증가했다. 그러나 인구의 대부분을 차지하는 농민이 개인적으로 소비할 수 있는 식량은 농업혁명 전에 비해 늘지 않았거나 줄어들기까지 했다. 게다가 매우 제한된 종류의 식량을 재배하게 되면서 자연재해가 오면 굶어 죽거나 기아와 영양실조에 걸릴 수밖에 없었다. 뿐만 아니라 수렵채집인에 비해 농부는 매우 제한된 종류의 식품으로 구성된 불균형적인 식사를 하면서 체력도 약해졌다.

농업사회에서 대부분의 사람들은 소품종의 식물 재배에 대부분의 시간을 보냈다. 하지만 아침부터 저녁까지 동물 사육에만 주력하는 목축민도 있었다. 이들도 농부와 마찬가지로 육류 위주의 불균형적인 식사를 하는 것은 마찬가지였다.

농부과 목축민들이 생산한 식량은 그들만의 것이 아니었다. 대부분은 왕족과 귀족 그리고 사제들에게 돌아갔다. 그리고 농부들은 지배 계급을 위해 왕궁과 기념물과 사원을 짓는 데 동원되었다. 인류의 다수는 소수의 지배 계급을 위해 존재했다고 해도 무방하다. 농업사회의 지성이었던 아리스토텔레스와 같은 위대한 철학자조차 노예에게는 '맹종하는 본성'이 있고 자유민에게는 '자유로운 본성'이 있다고 주장했다. 종교마저 이러한 계급사회를 조장했다. 인도의 힌두교도는 한 카스트가 다른 카스트보다 우월하게 만들어졌다고 믿는다. 그래서 카스트마다 권리와 의무가 달랐고 카스트가 다른 사람들끼리는 결혼은 물론 식사조차 함께 하지 못했다.

수렵채집사회에서는 남자가 주로 사냥을 하고 여자는 채집하는 식의 역할은 달랐지만 그렇다고 성에 따른 차별은 없었다. 도리어 엄마를 중심으로 한 모계사회인 부족도 많았다. 그러나 농업혁명 이후 거의 대부분의 인간사회는 남자가 여자에 비해 우월한 평가를 받는 부계사회였다. 많은 사람들은 이러한 차별은 신의 계시에 의한 것이라고 믿었다. 무슬림은 남자에 비해 여자는 열등하기에 여자는 남자의 소유물이고 남자의 보호를 받아야 한다고 믿는다. 기독교 성경에도 남녀 간의 차별은 곳곳에서 발견된다. 하느님은 남자이고 하느님의 독생자인 예수님도 남자이다. 하느님은 진흙을 빚어 남자를 만든 다음 남자의 갈비뼈로 여자를 만들었다. 남편은 아내를 사랑하고 아내는 남편을 존경하라고 가르친다. 사람의 숫자는 남자의 숫자만으로 계산한다. 예수님이 다섯 개의 빵과 두 마리의 물고기로 5천 명의 사람을 먹인 기적도 여자와 어린이를 뺀 남자의 숫자만을 계산한 것이다.

농업혁명은 유발 하라리의 말대로 거대한 사기인지도 모르겠다.

또 다른 거대한 사기가 된 산업혁명

산업사회가 되자 영국과 프랑스 등 여러 나라에서 왕정 체제는 유명무실해지거나 민주공화정으로 변화되었다. 그렇다고 모든 사람들이 평등해진 것은 아니었다. 산업혁명과 함께 대부분의 농민들은 농촌을 떠나 도시에서 산업 노동자가 되었다. 이제 사람들은 새로운 계급인 자본가와 노동자로 구분되어졌다. 그렇다고 농민이 전부 사라진 것은 아니다. 소수만이 남아 자본, 즉 기계의 힘을 빌려 쌀, 옥수수, 감자와 같은 극히 소수의 작물을 대량생산 방식으로 재배해서 이것으로 필요한 칼로리의 대부분을 충당한다. 또한 전화, 자동차, 컴퓨터, 세탁기, 진공청소기, 식기세척기와 같은 기계들이 인간의 노동을 대신함에도 불구하고 인간은 느긋한 삶과 정반대의 삶을 살고 있다.

뿐만 아니라 산업혁명과 함께 대영제국을 비롯한 유럽의 열강들은 아프리카, 아시아, 호주, 아메리카 등 세계 전역을 식민지로 만들고 이곳에 살던 주민의 상당수를 노예로 만들었다. 19세기 초 대영제국은 노예제를 불법화했고 뒤이어 미 대륙에서도 노예제가 점차 불법화되었지만 이후에도 인종차별적인 법과 사회적 관습은 계속되어 오늘날까지 이르고 있다.

산업혁명과 함께 많은 나라에서 왕정 대신 민주공화정으로 들어섰지만 여전히 여자들은 정치에 참여할 기회를 박탈당했고 교육과 경제활동에서도 불이익을 받았다. 아직까지도 유럽과 북미, 오세아니아의 선진국에서조차 여성들에게 보이지 않는 유리천장이 존재한다. 그럼에도 불구하고 오늘날 이들 지역의 여성들은 농업혁명 이후 가장 동등한 대우를 받고 있다. 산업화는 농업사회와 달리 공장에서 일하기 위해서는 최소한 읽고 쓰고 계산할 수 있는 기본 능력을 필요로 했다. 때문에 보통교육이 전 국민을 대상으로 실시되었고, 여기에는 여성이라는 이유 또는 가난하다는 이유로 배제되지 않았다. 교육을 받은 여성들과 노동자들은 평등과 권리에 눈을 뜨게 되었고 이로 인해 민주주의가 발전하면서 점차 성차별이 줄어들고 노동자들의 권익도 증가했다.

경제적 측면에서의 차별은 구체적인 자료를 검토할 필요가 있다. 세계불평등연구소World Inequality Lab의 글로벌불평등보고서 2022에 따르면 2021년 기준 세계 인구의 상위 소득자 10%가 전 세계 소득의 52%를 차지하는 반면, 가장 가난한 절반은 전체 소득의 8.5%밖에 벌지 못하고 있다. 쉽게 말해 한 해 동안 지구인 전체가 벌어들인 소득 중 절반 이상은 10%가 가져가는 것이다. 전체 소득 중 10%도 안되는 부분만이 지구인 절반에게 분배된다. 부의 분배는 소득분배보다 양극화가 더욱 심하다. 2021년에는 오직 10%의 부자들이 인류 전체 부의 76%를 갖고 있다. 반면 세계 인구의 절반은 오직 2%의 부만을 갖고 있다.[38]

지역별로 불평등도는 차이가 크다. 소득불평등이 가장 큰 지역은 중동·북아프리카MENA, 사하라 이남 아프리카, 라틴아메리카로 상위 10%의 소득 점유율이 모두 55%를 넘는다. 반면 유럽은 상위 10% 소득 점유율이 약 36%로 세계에서 가장 평등한 지역이다. 부의 불평등이 가장 큰 지역은 라틴아메리카와 중동·북아프리카로 상위 10%가 전체 부의 약 77%를 차지한다. 반면 유럽은 상위 10%가 59%의 부를 갖고 있다. 소득 수준이 높은 유럽이 소득과 부의 불평등도가 가장 낮은 반면, 상대적으로 낮은 아프리카와 라틴아메리카의 불평등도가 가장 높다. 이를 보면 소득 수준이 높을수록 소득과 부의 불평등도가 낮은 게 아닌가 생각할 수 있다. 그러나 소득 수준이 높은 미국과 캐나다가 속해 있는 북아메리카의 소득불평등도와 부의 불평등도가 아시아 지역에 비해 높다.

지난 2백 년간 지구상의 모든 인류의 소득 불평등도의 변화를 보면 소득이 높아짐에 따라 불평등도가 개선되었다기보다는 악화되었다. 글로벌 불평등 보고서에 따르면 1820년 전 세계 인구 중 상위 소득자 10%는 전 세계 소득의 50% 정도를 차지했다. 이 비중은 1900년대 초에 이르면 60%에 이르렀고 1950년경 55%로 감소하는 듯하다가 다시 증가해 2000년경 60%를 상회했다. 이후 다시 감소해 2020년에는 55% 정도에 달했다. 반면 전 세계 인구의 절반이 차지하는 소득 비중은 1820년 14%에 달했는데 1800년대 후반 10% 미만으로 떨어져 2020년에는 7%에 불과했다. 요약하면 1820년대 이후 10명 중 1명이 인류 전체 소득의 절반을 차지했는데 이 비중은 감소하지 않고 도리어 약간 증가했다. 반면 인류의 절반은 1820년 전체 소득의 14%밖에 차지하지 못했는데 그동안 더욱 떨어져 현재는 7%에 불과하다. 즉 지난 2백 년간 지구상 모든 인류의 소득 불평등은 개선되었다기보다는 악화된 것이다.

또 한 가지 주목할 만한 특징은 미국에서 상위 10%와 하위 50%의 소득 격차는 1930년대 뉴딜정책 이후부터 1980년대 초반까지 감소하였다가 1980년대 후반 이후 다시 크게 벌어져 2020년에는 거의 1920년대 세계대공황 직전의 수준으로 돌아가고 있다는 점이다. 이는 미국만이 아니다. 개인 간 불평등은 대부분의 국가에서 증가해서 지난 20년간 국가 내 상위 10% 개인과 하위 50% 개인의 평균 소득 격차는 8.5배에서 15배로 거의 두 배가 되었다. 오늘날의 세계 전체의 개인 간 불평등은 20세기 초 서구 제국주의가 절정에 달했을 때만큼이나 심각한 수준이다.

농업혁명이 거대한 사기였던 것처럼 산업혁명 또한 거대한 사기가 아닌가 싶다.

디지털혁명도 거대한 사기인가?

농업혁명과 산업혁명이 그랬듯이 디지털혁명이 인간에게 행복한 삶을 보장해 줄 것이라고 볼 수는 없다. 인간은 모두 소비자이면서 노동자이다. 소비자로서 모든 인간은 새로운 서비스를 이용하며 디지털혁명의 혜택을 받는다. 그러나 노동자로서의 인간은 AI로봇에게 일자리를 잃어버릴 수밖에 없다. AI로봇이 인간의 육체노동뿐만 아니라 정신노동까지도 대체하고 있기 때문이다. 옥스퍼드대 칼 프레이 교수와 마이클 오스본 교수는 2013년 논문에서 미국 직업의 47%가 컴퓨터 자동화로 인해서 없어질 위험에 처해 있다는 연구 결과를 발표했다.[39] 텔레마케터, 세무대리인, 보험조정인, 스포츠 심판, 법률비서, 레스토랑 종업원, 부동산 중개업자, 비서직, 배달직 등이 자동화에 따른 고위험 직업군으로 분류되었다. 그러나 단순한 자동화뿐만 아니라 인공지능의 급속한 능력 향상으로 빠른 시일 안에 변호사, 의사, 회계사, 주식투자자문, 기자, 보험판매원, 사서와 같은 직업이 사라지거나 축소될 것이다.

결국 디지털사회에서는 디지털 기술을 활용할 수 있는 사람과 그렇지 못한 사람 간의 디지털 디바이드digital divide가 보편화될 것이다. 디지털기술을 만들어내고 이를 활용하는 사람들에게는 새롭고 더 나은 일자리가 생기고 있다. 일자리뿐만 아니다. 디지털 기술에 편승하느냐 못하냐에 따라서 개인은 심각한 사회·정치적 권력의 불평등을 겪을 수밖에 없다. 마르크스는 생산 수단 소유 여부에 따라 자본가 계급과 노동자 계급으로 인간의 계급을 나누었다. 만일 마르크스가 다시 살아난다면 자본가 계급과 노동자 계급에 디지털 계급을 추가하지 않을까 싶다.

디지털혁명이 진행되면서 점점 많은 기업들이 AI로봇을 생산과 유통에 활용하고 있다. AI로봇이 또 하나의 생산요소가 된 것이다. AI로봇은 먹지도 않고, 자지도 않는다. 그렇다고 AI로봇에게 아무런 보상을 하지 않는 것이 아니다. 이 또한 자본가가 투자해서 만든 생산요소이기 때문에 자본가의 배당금이 추가된다. 특히 AI로봇은 인간의 육체적 노동과 정신적 노동을 모두 대체하기 때문에 생산과 유통과 같은 기업 활동에서 인간 노동력은 생산요소로서의 중요성이 떨어질 수밖에 없다. 결국 디지털혁명이 가속화하면서 자본가에 비해서 노동자의 상대소득은 빠르게 감소할 수밖에 없다.

MIT의 다론 에이스모글루 교수와 보스톤대 파스쿠알 레스트레포 교수는 미국의 노동자 1,000명당 로봇이 한 대 더 늘어나면 고용률은 0.2%포인트 하락하고 임금은 0.42%포인트 하락한다는 연구 결과를 발표했다.[40] 한국의 산업별 자료를 이용한 한국은행의 연구에서도 로봇 사용이 증가하면 해당 산업의 종사자 수 증가율과 실질임금 상승률이 모두 하락하는 것으로 나타났다.[41]

이에 반대하는 의견도 있다. 산업혁명 때 그랬던 것처럼 없어진 일자리만큼 새로운 일자리가 만들어질 것이라는 것이다. 예일대 다이스케 아다치 교수, 동경대 다이지 카와구치 교수, 와세다대 유키코 사이토 교수는 1978~2017년 동안 일본의 경우 로봇 가격의 하락이 로봇 수와 고용을 증가시켰다는 연구 결과를 발표했는데 이는 로봇과 노동이 생산에서 서로 보완적이라는 것을 시사한다.[42] 영국의 세계적인 경제 주간지 『이코노미스트』도 로봇 사용이 실업률을 증가시키지 않을 것으로 보고 있다.[43] 반면 미국의 미래학자인 마틴 포드Martin Ford는 『로봇의 부상』이라는 책에서 이전의 기술혁명과 달리 인공지능과 로봇이 지속적으로 일자리를 파괴하고 새로운 일자리는 거의 창출되지 않을 것이라고 주장한다.[44] 위에서 인용한 에이스모글루 교수와 레스트레포 교수는 또 다른 연구 논문에서 인공지능이 주로 자동화에 편중되어 발전하면서 노동 수요가 정체되고 국민 소득에서 노동의 비중

이 감소하고 불평등이 증가하게 될 수 있다고 경고한다.[45]

저자의 생각은 이렇다. 이런 연구들은 대부분 산업용 로봇이 인간의 육체적 공장 노동을 대체하는가에 관한 것들이다. 그러나 로봇은 이제 산업뿐만 아니라 식당, 유통, 수송 등의 서비스 분야로 사용이 확산되고 있다. 인공지능의 발달이 폭발적으로 이루어지면서 이제 인공지능은 많은 분야에서 인간의 지적 능력을 뛰어넘고 있다. 인공지능 알파고가 세계 최고의 바둑고수 이세돌과 커제를 꺾은 지 벌써 5년이 지났다. 이제 알파고의 후세 인공지능은 전 세계 모든 바둑 고수와 동시에 대국을 해도 모두 이길 수 있는 상황이다. 인공지능은 로봇과 결합해서 점점 많은 분야에서 인간의 육체적 노동과 지적 노동을 모두 대체할 것이다.

설사 로봇이 인간의 일자리를 빼앗을지에 대한 명확한 결론을 내리지는 못하더라도 적어도 로봇이 인간의 고용 형태를 바꿀 것이라는 것이다. 즉 단순한 조립과 같은 일자리는 이제 인간이 로봇에게 내놓을 수밖에 없는 상황이다. 대신 로봇을 만들거나 조종하는 것과 같은 보다 높은 차원의 일을 인간이 해야 하는 상황이다. 이는 새로운 환경에 적응하지 못하는 사람들은 변화의 끝에서 패배하게 될 것이라는 말이다. 지금은 로봇이 인간을 보조하지만 결국은 인간이 로봇을 보조하게 될 것이다. 종국에는 로봇을 보조하는 일마저도 할 수 없는 상황이 될 수도 있다.

그렇다면 디지털혁명에 뒤처지고 있는 신흥국에서는 기계에 일자리를 빼앗기는 걱정을 할 필요가 없는가. 그렇지 않다. 선진국은 이제 AI로봇과 같은 디지털 기술의 발달로 노동자의 고용을 최소화하면서 저렴하게 생산할 수 있다. 때문에 저렴한 노동력을 이용하기 위해 신흥국에 투자했던 선진국들의 기업들은 디지털혁명이 빠른 속도로 일어나고 있는 본국으로 회귀reshoring할 것이기 때문이다. 신흥국의 노동자들의 일자리도 선진국의 AI로봇에게 빼앗기는 상황이다.

실제로 디지털혁명이 시작된 지난 20여 년 전부터 불평등도는 더 증가 추세에 있다. 크레딧 스위스의 2021년 세계의 부 보고서에 따르면 세계 성인 인구의 1.1%(5천6백만 명)의 총 자산은 2000년 41조5,000억 달러에서 2020년 191조6,000억 달러로 거의 4배 증가했으며, 전 세계 부의 몫은 같은 기간 35%에서 46%로 증가했다. 반면 세계 성인 인구의 55%(28억7천9백만 명)의 총 자산은 2020년 5조5,000억 달러로 전 세계 부의 1.3%에 불과하다.[46]

앞서 언급한 세계불평등연구소의 세계불평등보고서 2022에 따르면 2021년 세계 0.001%밖에 안 되는 51,700명의 부자들이 갖고 있는 부는 2021년 전 세계 성인 평균의 6천 배에 달했다. 이는 25년 전인 1995년 3천 배에 비해 2배 증가한 것이다.[47] 21세기 들어 전 세계 인류의 극소수 억만장자들의 재산이 더욱 크게 증가한 것이다. 물론 최근 소득과 부의 불평등도가 증가한 것을 디지털혁명에만 책임을 돌릴 수 없다. 1990년대 이후 확산된 세계화와 자유시장 논리 역시 부익부 빈익빈을 심화시켰다.

국제통화기금IMF의 한 보고서에 따르면 1990년 이후 소득불평등을 심화시킨 첫 번째 요인으로 정보화 기술의 빠른 발전으로 숙련노동자 skilled labor들의 기술 프리미엄이 증가했다는 것을 꼽았다. 그다음 요인으로 무역과 금융의 세계화 및 금융시장의 발전과 경쟁 심화와 함께 노동시장의 유연성을 꼽았다.[48] 이처럼 1990년대 이후 불평등도가 심화된 것은 디지털혁명이 주된 원인이고, 그 다음으로 세계화와 자유시장 논리의 확산으로 볼 수 있다.

디지털혁명이 소득과 부의 불평등이 심화시킬 수 있다는 것은 디지털혁명이 사회적 지위의 불평등과 소비의 불평등이 심화되는 것으로 이어질 수 있다. 앞서 설명한 것처럼 인공지능과 빅데이터를 활용한 빅브라더가 출현할 수 있고, 디지털 기술로 능력이 향상된 초인간과 평범한 인간 사이의 격차가 크게 벌어질 가능성이 크다.

농업혁명과 산업혁명에 이어 디지털혁명이 또 다른 거대한 사기가 아닌가 싶다. 진화가 모든 인류에게 꼭 축복이 아닐 수도 있다.

4

인류세

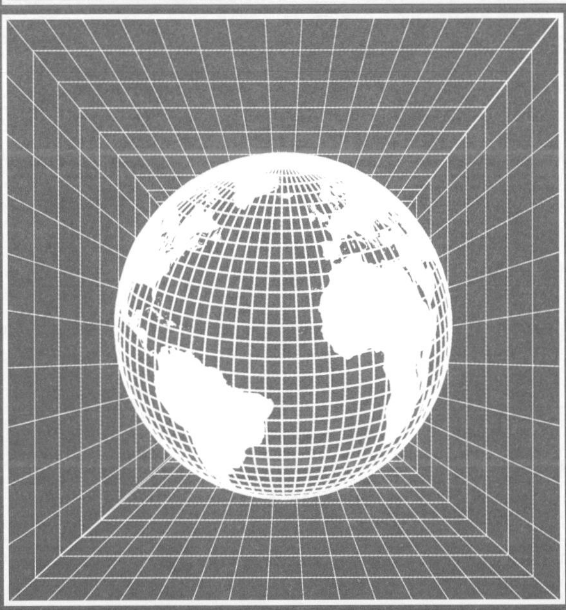

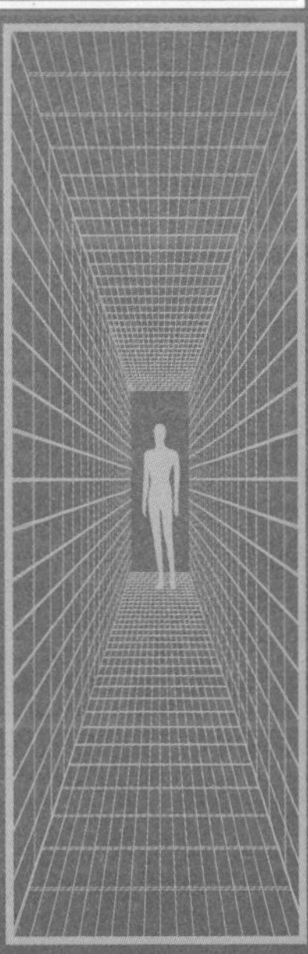

홀로세에서 인류세로

지구는 30억 년 전 탄생한 이후 많은 기후 변화를 겪었다. 다섯 번 내지 여섯 번의 빙하기와 그 사이마다 온난기가 있었다. 가장 최근의 빙하기는 3천4백만 년 전쯤 시작된 후기 신생대 빙하기Late Cenozoic Ice Age이다. 이 빙하기의 마지막 단계는 258만 년 전쯤부터 시작되어 현재 진행 중이다. 빙하기Ice Age 내에는 극빙하기Glacial period와 간빙기Interglacial period가 존재하는데 12,000년 전쯤 마지막 극빙하기가 끝나고 간빙기인 홀로세Holocene 시대가 시작되었다. 홀로세는 인류에게 가장 살기 좋은 기후를 제공했다. 농업혁명이 1만 년 전쯤 시작된 것은 무엇보다 기후가 온화해졌기 때문이다. 수렵채집 생활을 하던 인류가 정착해 계절에 맞춰 씨앗을 심고 수확을 하는 등의 활동이 가능하게 된 것이다.

앞서 설명한대로 현생 인류인 호모 사피엔스는 30만 년 전쯤 아프리카에 처음 등장한 이후 13만여 년 전쯤 아프리카를 벗어나 유라시아로 이주했다. 그리고 6만 년 전쯤 호주 대륙으로 이주했다. 사피엔스가 호주로 이동하자 몇 년 지나지 않아 호주의 대형동물 대부분이 멸종했고 많은 소형동물들도 사라졌다. 당시 지구는 극빙하기를 겪고 있었기 때문일 수도 있을 것이다. 그러나 그 이전에도 많은 빙하기 주기에서도 살아남았던 호주의 대형동물들이 대부분 사피엔스가 호주로 이주한 이후에 사라진 것을 보면 사피엔스가 이들에게 치명적인 피해를 입혔기 때문으로 볼 수 있다. 무엇보다 사피엔스는 불을 자유롭게 다루면서 양식에 필요한 만큼 이상의 동물과 식물을 사냥하고 태워버렸을 것이다. 다양한 종류의 나무들이 자라고 있었던 호주에서 사피엔스가 이주한 이후 화재에 강한 유칼립투스가 크게 번성하기 시작한 것이 증거다. 사피엔스는 동물뿐만 아니라 식물까지 포함한 생태계를 파괴한 것이다.

호주뿐만 아니다. 사피엔스는 1만5천 년 전쯤 아메리카 대륙으로 이주를 시작해서 1만2천 년 전쯤에는 아메리카 대륙 최남단인 티에라델푸에고 제도에까지 이주했다. 이후 이곳에 살던 매머드를 비롯한 대형동물이 빠르게 사라졌다. 사피엔스의 이주 이후 북미 대륙에서 47속 중 34속의 대형동물이 사라졌고 남미에선 60속 중 50속이 사라졌다.[49] 많은 수의 작은 포유동물과 파충류, 조류, 곤충들도 멸종했다. 이처럼 사피엔스가 이주하는 곳마다 그곳에 서식하고 있던 많은 동물, 식물들이 사라졌다.

1만 년 전에 시작된 농업혁명은 멸종의 두 번째 물결을 불러왔다. 숲과 덤불에 불을 질러 농경지를 만들면서 다양한 종류의 식물과 곤충들의 서식지를 파괴하고 동물의 먹이 사슬을 파괴했다. 또한 경작하는 식물을 보호하기 위해 주변의 동물을 사냥해 없애버렸다. 대신 사육하는 소, 돼지, 닭, 양과 같은 동물들은 인간보다 많은 수로 불어났다. 그렇다고 이 동물들이 더 오래 살거나 행복해진 것은 아니다. 태어나서부터 한곳에 묶여 있다가 자연수명을 다하기 전에 도축되었다. 소나 말과 같은 동물들은 줄에 묶여 평생 강제 노역을 해야 했다. 게다가 인간이 한곳에 정주하자 출산율이 증가하면서 인구가 급증한 것도 동식물에게는 엄청난 위협이 되었다. 사피엔스의 농업혁명은 자연의 동물에게든 가축화된 동물에게든 끔찍한 재앙이었던 것이다. 그리고 자연생태계의 모든 식물에게도 끔찍한 재앙이었다.

산업혁명은 세 번째 멸종의 물결을 가져왔다. 자원을 획득하기 위해서 산림을 파괴하고 그곳에 서식하고 있던 동물과 식물의 종류와 크기를 가리지 않고 멸종시켰다. 그리고 농업시대까지만 하더라도 피해를 덜 입었던 바다의 동식물들도 큰 피해를 입었다. 해양자원을 남획하고 플라스틱과 화학물질을 대량폐기하면서 고래, 상어, 참치, 돌고래와 같은 대형 물고기부터 소형 프랑크톤까지 개체 수가 크게 줄어들었다. 반대로 사육 대상으로 선택된 닭, 돼지, 소, 양 등과 같은 동물들의 개체 수는 더욱 크게 늘었다. 동물들은 대량생산 대상이 되어 고기와 젖을 생산하기에 '최적인' 좁은 사육장에서 옴짝달싹도 못하는 상태로 몇 개월 살다가 도살장에 끌려간다. 이들 동물들에게 농업사회에서의 삶은 차라리 낙원이었다. 사피엔스의 산업혁명은 이전의 농업혁명보다 더욱 끔찍한 재앙을 지구상의 모든 동물들과 식물들에게 가져온 것이다. 1970년 이래 지구상에서 포유류, 조류, 파충류, 양서류, 어류의 수가 평균적으로 68%나 줄어들었다.[50]

반면 인류는 산업혁명을 거치면서 기술, 산업, 농업 및 공중 보건의 발전 덕분에 그 어느 때보다 물질적으로 풍요로운 삶을 살게 되었다. 그러나 이러한 풍요는 탄소 집약적 화석연료 에너지를 기반으로 한 대량생산과 대량소비로 구축된 것이다. 이 때문에 생물 다양성 손실뿐만 아니라 토양 황폐화, 물 부족, 기후 변화에 이르기까지 지구의 건강을 위협하는 전례 없는 환경 문제가 발생했다.

산업혁명은 증기기관이 수송수단으로서 말을 대체하면서 시작되었다. 그러나 증기기관은 주로 기차와 같은 장거리 수송에 사용되었기에 산업혁명 초기에 말은 여전히 교통수단으로서 중요했다. 말은 엄청난 양의 사료를 필요로 했고, 말이 배출하는 분뇨의 양은 엄청났다. 이에 19세기만 하더라도 런던이나 뉴욕과 같은 대도시에서 마차를 끄는 수만 마리의 말이 배출하는 배설물은 전염병의 주요 원인이 되어 골칫거리였다.

마침내 자동차가 등장하자 도시의 거리에서 마차가 사라졌다. 거리는 깨끗해졌고 전염병이 감소했다. 그러나 화석연료를 사용하는 승용차는 온실가스 배출량을 크게 늘렸다. 요즘의 자동차 1대는 100마력馬力, horse power이 넘는다. 따라서 산업화 이전보다 자동차와 같은 수송수단이 더 효율적이라는 주장도 있다. 현대의 수송수단 1마력당 온실가스 배출량은 산업사회 이전의 말 한 마리가 끄는 마차당 온실가스 배출량보다 훨씬 적다는 주장이다. 그러나 문제는 각 수송수단 단위의 효율성이 아니라 이들 수송수단의 총량이 기하급수적으로 증가해서 기후온난화의 주범인 온실가스 총량이 폭발적으로 늘어났다는 것이다.

수송 분야뿐만 아니다. 산업화로 소득이 늘어나면서 인류의 개체수는 크게 증가했고 늘어난 인구는 주로 도시의 확대로 이어졌다. 그리고 이들을 먹여 살리기 위해 공장과 대규모 농장이 곳곳에 지어졌다. 그리고 도시와 공장과 대규모 농장을 건설하기 위해서 산림을 훼손하고 쓰레기와 각종 화학물질을 하천과 강에 배출하면서 지구상의 환경은 사피엔스 역사상 가장 심각하게 파괴되었다. 숲이 없어지고 강과 바다가 오염되면서 생물 다양성이 손실되었다. 더욱이 발전, 제조 등의 분야에서 화석연료 사용이 급속히 늘면서 이산화탄소와 같은 기후온난화 물질의 배출량이 폭발적으로 늘어났고 지구가 감내할 수 있는 수준을 넘어서고 있다.

그 결과 인류는 자신이 만든 최초의 기후 변화 위기에 직면하고 있다. 2021년 발표한 기후변화에관한정부간협의체IPCC: Intergovernmental

Panel on Climate Change 제6차 평가보고서AR6 중 제1실무그룹 보고서WG1는 산업화 이전(1850~1900) 대비 지구의 지표면 평균 온도가 1.09℃ 상승한 것으로 추정한다(그림 4-1).[51] 그리고 현 수준의 온실가스 배출량을 유지한다면 2040년 이전에 1.5℃ 지구온난화를 넘을 가능성이 높다고 보고 있다.

2015년 파리기후협약에서 국제사회는 지구상의 평균 기온을 2050년까지 2.0℃ 상승으로 제한하지 않으면 엄청난 범지구적 재앙이 온다는 데 인식을 같이 하고 가능하면 1.5℃로 상승을 제한하기 위해 노

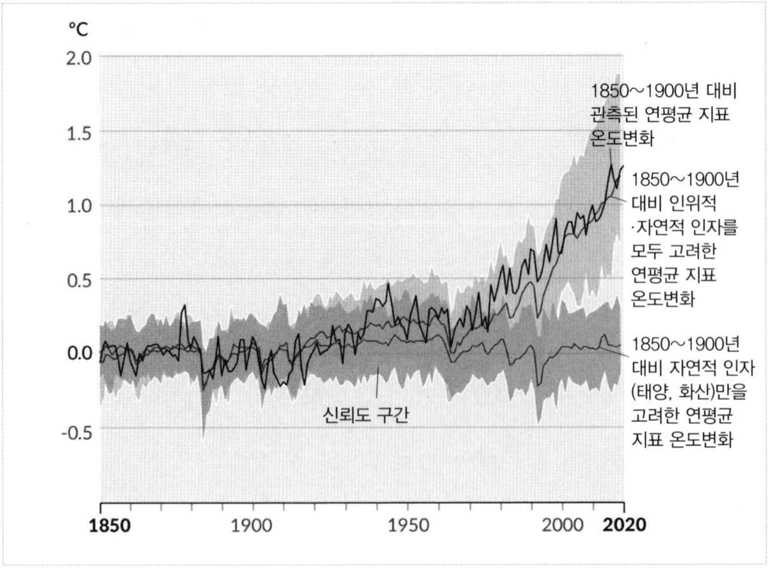

그림 4-1 산업혁명 이후 지구 평균 기온 변화 추이, 1850~2020.

출처: IPCC 6th Assessment Report: Working Group 1, 2021

력하기로 했다. 그러나 IPCC 제6차 평가보고서에 따르면 인간사회가 배출한 온실가스의 양은 계속 증가해 왔고, 지난 10년 동안 인류 역사상 가장 큰 폭의 배출량 증가를 기록했다. 2019년 전 세계 온실가스 순 배출량은 2010년 대비 12% 증가했다. 그리고 1850~2019년 누적 이산화탄소 배출량의 절반 가까이 되는 42%가 1990~2019년에 배출됐다.

이미 인류는 1만 년 전 농업혁명 이후 그동안 겪어온 것과는 급이 다른 해수면 상승, 폭염, 태풍, 홍수, 가뭄과 같은 엄청난 기후 재앙을 겪고 있다. 세계기상기구WMO의 「세계기상현황 2021」에 따르면 전 세계적으로 해수면은 2013~2021년 사이에 연평균 4.5mm 상승해서 2021년 최고 기록을 경신했다.[52] 특히 남서 태평양, 남서 인도양 및 남대서양의 해수면이 빠르게 상승하면서, 수억 명의 해안 거주자들의 생활 터전을 위협하고 있다. 미국 캘리포니아의 데스밸리Death Valley는 1930년대 이후 세계 최고 기온인 54.4℃를 2021년 7월 9일 기록했다. 이탈리아 시칠리아는 유럽의 최고 기온인 48.8℃를 기록했고, 스페인의 남부 몬토로에서 47.4℃, 터키와 시리아 접경에 있는 시즈레에서 49.1℃를 기록해 새로운 국가 기록을 경신했다. 캐나다 브리티시컬럼비아주도 6월 29일 49.6℃를 기록했다.

세계기상기구에 따르면 2021년에는 21개의 폭풍이 있었는데, 이는 1981~2010년 사이의 평균 14개를 훨씬 웃도는 것이었다. 2021년 7월 중순, 서유럽은 사상 최악의 홍수를 겪었다. 독일 서부의 하겐Hagen

은 22시간 동안 241mm의 강우량이 기록되었는데, 이 비로 인해 독일에서는 183명이 사망했다. 프랑스, 네덜란드, 룩셈부르크, 스위스도 큰 홍수를 겪었다. 가뭄도 아프리카, 캐나다, 미국, 이란, 아프가니스탄, 파키스탄, 터키를 포함한 세계 곳곳에서 발생해 농업 손실과 에너지 생산 감소, 산불 등의 피해를 가져 왔다. 특히 아프리카의 에티오피아, 케냐, 소말리아 등 지역은 지난 40년 동안 경험하지 못한 가뭄을 기록했는데 이는 저개발 지역 사람들의 생명과 생계에 치명적인 영향을 미쳤다. 이같이 극단적인 기상 현상은 코로나 팬데믹으로 인한 경제적 충격과 맞물려 전 세계적인 식량 안보를 위협하고 있다.

이뿐만 아니다. 지구 해양도 인간의 오남용과 기후 변화로 인해 심각하게 영향을 받고 있으며 많은 종류의 해양생물이 고갈되고 있다. 해양은 연간 대기로 배출되는 인위적 이산화탄소 배출량의 약 23%를 흡수한다. 이것은 해수와 반응하여 해양 산성화를 초래하여 해양생태계를 파괴하고 해양자원을 감소시킨다. 해양자원의 감소는 식량 안보에서 건강 문제와 경제 성장에 이르기까지 인류에 심각한 위협이 된다. 홀로세 시절의 안정된 기후, 풍부한 담수, 번성하는 생물 다양성, 건강한 해양 대신, 기후 변화, 고갈되는 담수, 손실되는 생물 다양성, 산성화되는 해양이 인류의 삶을 위협하는 지경에 이르렀다. 인류를 포함한 지구 종 전체가 절멸할 수 있는 위기 상황이다.

코로나와 같은 바이러스의 확산은 이제 그 주기가 점점 빨라지고 더욱 강력해질 것이다. 이는 산업혁명 이후 지구가 더워지고 있기 때문이다. 지구온난화로 인해 극지방의 빙하가 녹고 있다. 때문에 수십만 또는 수백만 년 전의 알 수 없는 바이러스들이 깨어날 수 있다. 또한 인간이 자연생태계를 파괴하면서 야생동물들과의 접촉이 많아지면서 인수공통의 바이러스가 인간에게 전파되고 있다. 나무를 자르고 도로를 건설하면서 그들이 살아야 할 공간을 침범하다 보니 서식지를 잃은 동물과 인간이 보다 자주 접촉하게 되었다. 그리고 산업화로 인간들이 도시에 모여 살면서 바이러스의 전염이 쉬워졌다.

이는 모두 인류가 자초한 것이다. 이제 지구는 홀로세를 보내고 인류의 산업 활동이 만든 '인류세Anthropocene'라는 미지의 영역으로 들어가고 있다. 인류세라는 용어는 미국의 생물학자인 유진 스토머Eugene Stoermer가 1980년대에 처음 사용한 것으로 알려져 있다. 하지만 네델란드의 대기화학자이며 1995년 노벨화학상 수상자이기도 한 폴 크루첸Paul Crutzen이 유진 스토머와 함께 2000년에 발표한 짧은 기고문이 인류세가 공식적으로 처음 사용된 기록이다.[53] 이들은 산업혁명을 기점으로 인간이 지구 생태계를 새로운 시대로 접어들게 만들었다고 주장하며, 그 명칭으로 인류세라는 용어를 제시하였다. 이후 인류세는 과하게 과학계뿐만 아니라 여러 분야에서 사용되며 급속히 받아들여지기 시작했다.

인류세라는 용어의 광범위한 사용은 지구가 인간에게 진노하며 파국의 신호를 보내고 있음을 인간이 깨닫고 있다는 점에서 긍정적이다. '불타고 있는 지구'에 동승한 인류가 공동 운명체라는 점을 깨닫고 공동의 생존 대책을 찾으려고 한다는 점에서도 긍정적이다. 인류세라는 새로운 지질시대를 정식 지질학 용어로 공식적으로 설정하기 위한 노력도 인류세 연구위원회AWG: Anthropocene Working Group를 중심으로 적극적으로 추진되고 있다.

이에 대한 반론도 만만치 않다. 무엇보다 인류세라는 용어를 단순히 정치적 용어나 대중문화로서 받아들이기보다는 먼저 층서학적인 연구와 합의가 도출되어야 한다는 것이다.[54] 인류가 지구 환경을 변화시키기 시작한 시점을 산업혁명 이후로 할 것인지, 또는 거대한 가속이 이루어지기 시작한 20세기 중반 이후로 할 것인지에 대한 논란도 있다.[55] 이러한 반론과 논란 때문에 국제층서학위원회ICS와 국제지질과학연합IUGS 모두 아직까지 이 용어를 공식 승인하지 않고 있다.

더욱이 도널드 트럼프 전 미국 대통령과 같이 기후 위기 자체를 부인하는 사람들이 정치인과 지식인 사이에서도 존재한다.[56] 그러나 분명한 것은 인류가 1만 년 전 농업혁명을 시작하면서 지구의 지질과 기후와 같은 자연환경을 인위적으로 바꿔 왔다는 것이다. 특히 산업혁명 이후 인간의 활동이 지구 환경에 미친 영향은 더욱 커졌고 지난 수십 년간 더욱 폭발적으로 증가했다. 그리고 인류에 의한 인위적인 지구 환경 변화가 인류를 포함한 지구 종 전체를 절멸의 위기로 내몰고 있다.

이대로 가면 지구는 여섯 번째의 대멸종을 맞을 것이다. 앞선 다섯 번은 지질 변화, 화산 폭발, 소행성 충돌과 같은 자연현상이 만든 재해인 데 반해 여섯 번째의 대멸종이 일어난다면 이는 인간이 만든 인재, 즉 인류세로 인한 대멸종이다.

정의롭지 않은 기후 위기

지구온난화는 태양으로부터 지구로 내리쬔 에너지(열)가 증가된 온실가스로 인해 대기권에 갇히고 우주로 방출되지 않기 때문에 지구의 평균 온도가 증가하는 것을 말한다. 산업혁명 이후 지구의 평균 온도가 급격히 상승한 이유는 인간이 배출한 온실가스의 양이 크게 증가했기 때문이다. 온실가스의 76%를 차지하는 이산화탄소의 배출량은 산업혁명 이후 기하급수적으로 증가했다(그림 4-2). 다만 2019년 367억 톤에서 2020년에는 348억 톤으로 감소했는데 이는 코로나 팬데믹으로 인해 세계 각국의 경제 활동이 급속히 위축되었기 때문이다.

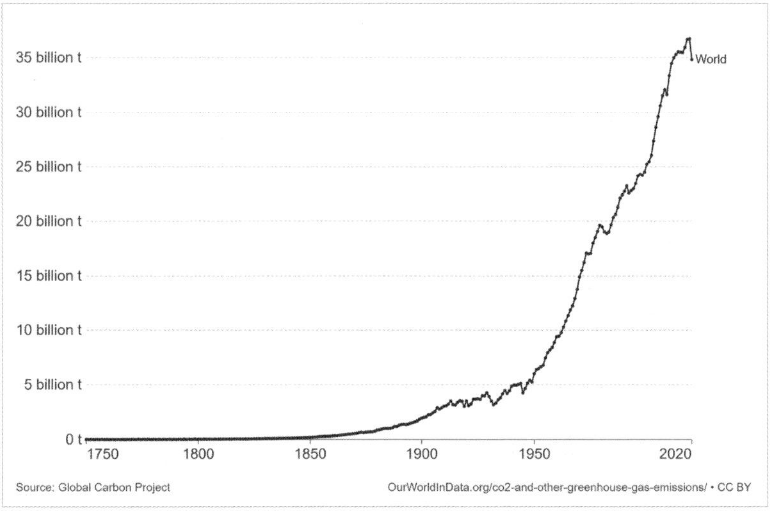

그림 4-2 전 세계 이산화탄소 배출량 추이, 1750~2020.

출처: Our World in Data (https://ourworldindata.org/co2-emissions)

산업혁명 이후 대부분의 온실가스를 대기권에 배출시킨 국가들은 서유럽과 미국과 같은 선진국들이다. IPCC 제6차 평가보고서AR6에 따르면 1990~2019년 동안 전체 화석연료 온실가스 배출량에서 최빈개도국의 배출량은 0.4%, 군소도서국의 배출량은 0.5%에 불과했다. 그런데 온실가스 배출의 책임이 거의 없는 이들 국가들에게 선진국들이 만든 기후 변화 때문에 화석연료를 사용하지 못하도록 하고 산업화와 경제 성장을 하지 못하도록 요구하는 것은 정의롭지 않다. 게다가 해수면 상승, 홍수, 가뭄, 태풍과 같은 재앙에 대응할 수 있는 기술과 돈을 갖고 있지 못한 저개발국들이 선진국들보다 기후 위기에 따른 피해를 더 많이 받는 것도 정의롭지 않다.

해수면 상승으로 국가가 바닷속으로 잠길 위기에 처한 남태평양의 섬나라 투발루의 사이몬 코페Simon Kofe 외무장관이 2021년 11월 UNFCCC COP26 온라인 화상회의에서 반쯤 바닷물에 잠긴 채로 연설하는 영상은 기후 위기에 책임이 없으나 피해는 온전하게 받게 되는 개발도상국들의 절박함을 보여 준다.

그러나 더이상 선진국들에게 모든 책임을 떠넘길 수 없는 상황이다. 1970년대 이후 산업화에 적극 나선 소위 신흥공업국들의 온실가스 배출과 생태계 파괴는 서유럽과 미국을 추월하고 있다(그림 4-3). 특히 14억 이상의 인구를 갖고 있는 중국의 연간 이산화탄소 배출량은 2006년 이후 미국을 추월하여 2020년에는 미국의 두 배를 넘었다. 인도의 연간 이산화탄소 배출량도 2020년에 EU 27개국의 배출량 수준에 육박했다.

일인당 이산화탄소 배출량을 기준으로 하면 산업화에 늦게 합류한 신흥국들이 선진국들을 더욱 빠르게 추월하고 있는 중이다(그림 4-4). 한국은 2005년 일본을 추월했고 현재는 미국과 캐나다에 이어 세계 3위이다. 중국도 빠르게 증가해서 2018년 유럽연합EU을 추월했다. 2019년 기준 중국의 일인당 이산화탄소 배출량은 7.4톤이고 미국은 14.2톤이다. 만일 14억4천 명 인구를 갖고 있는 중국의 개개인들이 3억3천 명 인구의 미국인들만큼 이산화탄소를 배출한다면 중국의 이산화탄소 총 배출량은 전 세계 총 배출량의 절반 이상을 차지하게 될

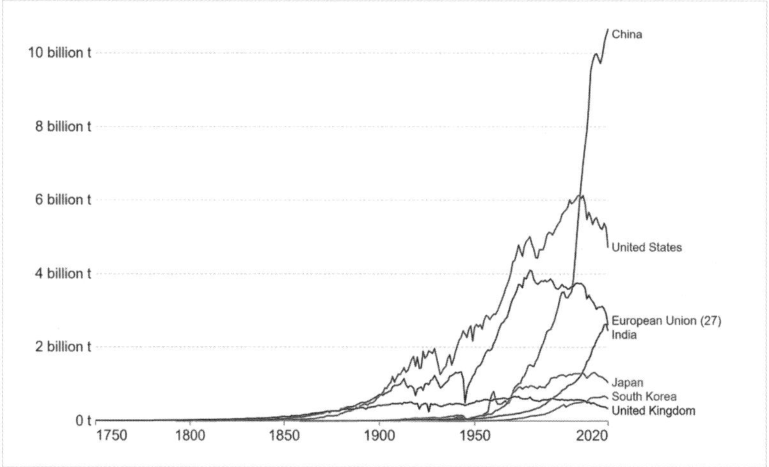

그림 4-3 주요 국가별 이산화탄소 배출량 추이, 1750~2020.

출처: Our World in Data (https://ourworldindata.org/co2-emissions)

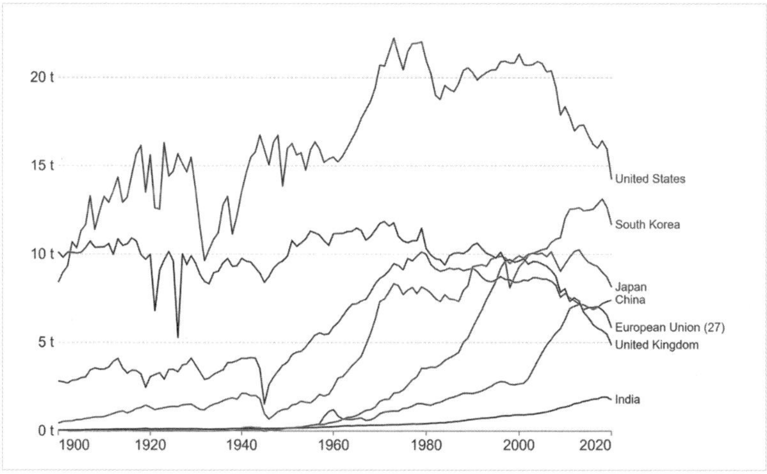

그림 4-4 주요 국가별 일인당 이산화탄소 배출량 추이, 1990~2020.

출처: Our World in Data (https://ourworldindata.org/co2-emissions)

것이다. 비슷한 인구를 갖고 있는 인도도 빠른 속도로 산업화에 기반을 둔 성장을 하고 있어서 조만간 유럽연합과 미국을 추월할 것이다.

기후 위기는 국가 간의 기후 불평등뿐만 아니라 개인 간의 기후 불평등에 기인하기도 한다. 2019년 전 세계 온실가스 배출량은 500억 톤의 이산화탄소 등가물CO2이었다.[57] 전 세계의 현대 인류 한 명이 평균적으로 2019년 한 해 6.6톤의 이산화탄소 등가물을 배출한 것이다. 그러나 이건 평균이다. 세계불평등연구소WIL의 보고서에 따르면 진 세계적으로 상위 10%(7억7천만 명)가 일인당 연간 31톤의 CO2를 배출하고 전 세계 배출량의 48%를 차지한다. 반면 하위 50%(38억 명)는 일인당 1.6톤의 CO2를 배출하고 전 세계 배출의 17%만을 차지할 뿐이다.[58] 2021년 기준 세계 인구의 상위 소득자 10%가 전 세계 소득의 52%를 차지하는 반면, 가장 가난한 절반은 전체 소득의 8.5%밖에 벌지 못하고 있는 현실과 비슷하다.

또한 기후 위기는 국가 간의 기후불평등을 심화시킨다. 다시 말해 기후 위기는 화석연료 집약적인 방법으로 산업화에 앞선 선진국들이 자초한 것임에도 불구하고 기후 위기의 결과에 적응할 돈과 기술이 부족한 후진국들이 더 큰 피해를 입는다. 해수면 상승으로 국가가 바닷속으로 잠길 위기에 처한 투발루나 마샬 아일랜드와 같은 남태평양의 섬나라들뿐만이 아니다.

인도, 파키스탄 등 남아시아는 2022년 4월부터 기온이 섭씨 50℃에 이르는 폭염이 기승을 부렸다. 이러한 폭염은 기상이변 때문에 발생한 사상 유례 없는 것이었다. 기후 변화를 연구하는 다국적 단체인 WWA(World Weather Attribution)는 산업화가 시작된 19세기 이후 지구온난화로 인해 인도, 파키스탄 지역의 폭염 가능성이 30배 이상 증가했고 섭씨 1℃ 정도 더 높다고 분석했다.[59] 인도, 파키스탄과 같은 후진국들은 폭염을 피할 수 있는 인프라가 제대로 갖춰지지 않고 있다. 이들 국가들은 폭염이 발생하자 발전 시설의 부족으로 제한 송전을 할 수밖에 없었다. 비좁은 찜통과 같은 곳에서 더위와 습기, 질병에 무방비로 버텨야 하는 대도시의 슬럼 주민들의 다수가 목숨을 잃을 수밖에 없었다. 이처럼 기후 위기는 국가 간에도 그렇고 개인 간의 기후불평등을 심화시킨다. 다시 말해 기후 위기는 주로 부자들이 만들어낸 것이지만 그 피해는 주로 가난한 사람이 입는다.

기후 위기와 환경 파괴는 세대 간의 분배 정의도 왜곡시킨다. 지금의 기후 위기와 환경 파괴는 오롯이 기성세대들의 책임이다. 그럼에도 불구하고 모든 부담은 미래세대가 져야 한다. 2018년 8월 스웨덴 9학년 학생이던 그레타 툰베리(Greta Thunberg)는 스웨덴의 폭염과 산불 이후 9월 9일 예정된 스웨덴 총선까지 매주 금요일에 등교하지 않고 스웨덴 의회 밖에서 '기후를 위한 학교파업(Skolstrejk för klimatet)'이라고 적힌 피켓을 들고 시위를 벌였다. 툰베리의 요구 중 하나는 스웨덴 정부가 파리협정에 따라 탄소 배출량을 줄여야 한다는 것이었다. 툰베리는 기후 위기의 심각성을 환기시키기 위해 파업 후 2주 동안 범선을 타고 뉴욕으로 가서 9월 23일에는 뉴욕에서 열린 유엔기후정상회담

UN Climate Summit에서 연설하기도 했다.

'기후를 위한 학교파업'은 툰베리의 '미래를 위한 금요일FridaysForFuture'라는 슬로건을 내세우며 벨기에, 호주, 오스트리아, 캐나다, 네덜란드, 독일, 핀란드, 일본, 스위스, 영국, 미국 등으로 확산되고 있다. 기후 불평등에 대한 미래세대의 정당한 분노와 요구가 표출되고 있는 것이다.

그린스완

스완(백조)은 일반적으로 흰색이다. 그래서 화이트스완white swan은 사전에 발생할 가능성을 예측할 수 있는 위험을 말한다. 대표적으로 2020년 발생한 코로나 팬데믹이 화이트스완이었다. 팬데믹은 인류 역사를 통틀어 반복해서 발행해 왔고 최근에는 사스SARS, 에볼라 등과 같은 감염병이 급증하고 있었기 때문에 코로나의 발생은 예측이 가능했다. 실제 빌 게이츠가 2015년 TED 강연에서 경고한 것을 비롯해서 많은 사람들이 팬데믹을 예측했다.

이와 달리 사전에 예상할 수 없지만 일단 발생하면 엄청난 결과를 가져오는 위험을 블랙스완black swan이라고 부른다. 파생 상품과 수리

재무 전문가이자 헤지펀드 매니저였던 나심 탈렙Nassim Taleb이 명명한 이름이다.[60] 세계대공황을 가져온 1929년 10월 24일 '검은 화요일black Tuesday'의 미국 주식시장 폭락 사태와 2000년의 닷컴 버블 붕괴를 예로 들 수 있다. 이슬람 과격 테러단체인 알카에다가 항공기를 납치해 미국 뉴욕에 있는 119층짜리 세계무역센터 쌍둥이 빌딩에 충돌한 2001년의 9.11테러 사태도 블랙스완의 예다.

그린스완green swan은 블랙스완과 달리 발생할 시기는 불확실하지만 발생할 것이 확실하고, 일단 발생하면 그 결과는 엄청난 재앙을 불러오는 위기를 말한다. 그린스완은 국제결제은행IBS의 2020년 보고서에서 기후 위기를 지칭한 이름이다.[61] 이 보고서는 기후 변화에 따른 재앙은 발생할 것이 확실하지만 그 시기가 매우 불확실하다는 점에서 화이트스완이나 블랙스완과 다르다고 말한다. 그리고 기후재앙은 인류에게 실존적 위협을 제기할 만큼 그 어떤 위기보다도 훨씬 더 심각할 것이라는 것이다.

실제로 기후 위기는 사회, 정치, 경제와 깊이 연결되어 있어 매우 광범위한 연쇄 효과를 불러와 인류의 삶에 엄청난 영향을 미칠 것이다. 기후 변화로 겪게 될 영향을 가장 종합적이고 신뢰성 있게 정리한 최신의 보고서는 2022년 9월 유엔기후변화협약UNFCCC: United Nations Framework Convention on Climate Change 제57차 총회에서 채택 예정인 IPCC 제6차 종합보고서이다. 이 보고서는 2021년 8월 채택된 제1실무그룹WG1 보고서, 2022년 2월 채택된 제2실무그룹WG2 보고서, 2022년 4월 채택된 제3실무그룹WG3 보고서와 3종의 특별보고서(1.5℃, 해양·빙권, 토지)를 반영한 종합보고서이다. 제1실무그룹 보고서는 기후 위기에 대한 과학적 사실을, 제2실무그룹 보고서는 기후 위기의 영향과 적응, 그리고 제3실무그룹 보고서는 기후 변화 완화를 위한 대응을 담고 있다.

이 보고서들을 보면 기후 위기가 그린스완임을 분명히 말해 준다. 온실가스 배출은 얼마나 될 것이며, 그에 따라 기후온난화가 얼마나 진행될 것이며, 그 영향은 어떨 것인지를 시기를 정해 단정적으로 예상하는 대신 몇 개의 시나리오를 만들어서 각각의 시나리오에 따라서 몇 년부터 몇 년까지 어떻게 될 가능성이 크다는 식이다. 예를 들어 IPCC 제6차 평가보고서는 인류가 나아갈 공동사회경제 경로SSP: Shared Socioeconomic Pathways를 다섯 개로 나누고 있다. SSP1은 사회가 발전되면서 온실가스 감축을 잘한 경우, SSP2는 중간 단계 정도의 발전과 온실가스 감축을 이룬 경우, SSP3과 SSP4는 사회 발전이 더디나 온실가스 감축을 잘하거나(3), 못한(4) 경우, SSP5는 사회가 발전되면서 온실가스 감축은 못한 경우로 구분한다.

예를 들어 온실가스를 가장 많이 배출하는 시나리오SSP5의 경우 전 지구 지표면 온도는 이번 세기 중 산업화 이전 대비 3.3~5.7℃ 상승할 것이고, 가장 적게 배출하는 시나리오SSP1일 때 1.0~1.8℃ 상승할 것으로 전망됐다. 이렇듯 시나리오별로 기후온난화의 진행 속도와 영향을 추정하는 것은 과학적 보고서로서의 신뢰성을 높여 준다. 그러나 그린스완처럼 기후 위기가 언제 어떤 재앙을 가져올지 예상하기가 어렵다는 뜻이기도 하다.

이해하기 쉽도록 세 개의 실무그룹 보고서를 요약하면 다음과 같다. 2011~2020년 동안 전 지구의 지표면 온도는 산업화 이전(1850~1900)보다 섭씨 1.09℃ 상승했다. 그리고 2040년 이전에 지구의 온도가 산업화 이전보다 1.5℃ 상승할 것이다. IPCC가 2018년 내놓은 지구온난화 1.5도 특별보고서에서 지구 온도가 1.5도 상승하는 시점을 2052년 이전으로 예측했는데 이번 보고서에서는 그 시기가 10년 이상 앞당겨진 것이다. 보고서는 또 온난화가 인간의 영향에 의한 것이 사실임을 명백히 했다.

앞서 언급한대로 2019년 전 세계 온실가스 순 배출량은 2010년 대비 12% 증가했다. 지구 표면 온도를 1.5C 미만으로 상승을 제한하려면 2019년 온실가스 순 배출량을 기준으로 2030년까지 43%, 2050년까지는 84%를 감소해야 한다. 그러나 2021년의 UNFCCC 제26차 당사국총회COP26 이전까지 제출된 2030 국가 온실가스 감축목표NDC로는 21세기 안에 지구 표면 온도를 1.5℃ 내로 제한하기 어려울 것이다. 현재까지 시행된 정책이 지속된다면 2100년 지구의 표면 온도는 3.2℃까지 증가할 것으로 추정된다.

북극 해빙과 수온 상승으로 해수면은 빠르게 높아지고 있다. 전 지구 평균 해수면은 1901~2018년 사이 0.20m 상승했다. 더욱 놀라운 것은 해수면이 1901~1971년 사이에는 연평균 1.3mm 정도 높아졌지만 2006~2018년 사이에는 연평균 3.7mm 정도로 3배 가까이 빨라졌다. 1995~2014년 대비 2100년까지의 전 지구 평균 해수면은 온실가스를 가장 적게 배출하는 시나리오일 때 0.28~0.55m, 온실가스를 가장 많이 배출하는 시나리오일 때 0.63~1.01m 상승할 것이다.

지구온난화로 이미 세계 곳곳에서 극한 기상 이변이 발생하고 있다. 산업화 이전 시기에 50년에 한 번 발생했던 수준의 폭염의 발생 빈도는 전 지구 지표면 온도가 산업화 이전에 비해 1.09℃ 상승한 현재 4.8배 정도 많다. 1.5℃ 지구온난화 도달 시에 이러한 폭염의 빈도는 8.6배 증가하고, 강도는 2.0℃ 높아질 것이다.

지구온난화에 따른 기후 시스템의 변화는 폭염에 그치지 않는다. 극한 고온과 함께 가뭄, 홍수와 같은 기상 이변이 증가할 것이다. 이에 따라 세계 식량 생산이 감소하여 식량난이 초래될 것이다. 앞서 정의롭지 않은 기후 위기에서 언급한 것처럼 식량 부족은 기후온난화에 책임이 거의 없는 아프리카, 남아시아, 태평양 도서 등지의 가난한 나라에 사는 사람들에게 치명적이다.

2010~2011년의 '아랍의 봄'은 장기 독재 중인 아랍국가 정부들의 부패와 인권의 유린이 근본적인 원인이었지만 식량 가격 폭등이 기폭제가 되었다. 2007~2008년 사이에 폭등했던 국제 식량 가격은 2009년 글로벌 금융위기가 본격화하면서 잠시 주춤했지만, 2010년에 러시아가 흉작으로 밀을 비롯한 식량 수출을 막기 시작하면서 다시 급격히 오르기 시작했다. 이는 안 그래도 좋지 않은 아랍권의 식량 사정을 더욱 악화시켰고 민중들은 '우리에게 먹을 것을 달라'며 각지에서 시

위와 분신이 발생했고 이것이 혁명의 시발점이 되었다. 시위는 2010년 12월 튀니지를 시작으로 알제리, 리비아, 요르단 등 아랍권과 북아프리카 전역으로 도미노처럼 퍼져 나갔다.

식량 부족으로 시작한 아랍권의 민주화운동으로 중동과 북아프리카 전역에서 발생한 많은 난민들이 작고 낡은 배에 타고 지중해를 건너 유럽으로 가기 시작했다. 그러다가 2015년경부터 시리아 내전에서 탈출한 사람들이 이러한 유럽행 난민 대열에 동참하면서부터 난민들의 숫자는 폭발적으로 증가해 130만 명에 달했다.

인도주의적 차원에서 받아주기에는 난민의 숫자가 너무 커지자 유럽에서는 이슬람 근본주의에 대한 공포와 맞물리며 외국인 혐오 범죄가 늘어났다. 난민을 거부하는 영국은 유럽연합을 탈퇴했고 유럽은 분열되었다.

기후 위기는 북극의 빙하를 녹이고 수온을 상승시킴으로써 해수면을 상승시켜 지구 곳곳의 집들을 물에 잠기게 할 것이다. 결국 기후 위기는 식량 위기와 해수면 상승으로 삶의 터전을 떠나는 기후 난민을 만들어낼 것이다. 이들은 대부분 기후 위기에 책임이 거의 없는 가난한 나라의 사람들이다. 산업혁명과 함께 기후 위기를 만들어낸 선진 국가들의 주민들은 좀 더 비싸게 식량을 사 먹어야겠지만 굶어 죽지는 않는다. 해수면이 상승해도 제방을 쌓아 살던 집이 물에 잠기는 일도 없다. 그러나 가난한 나라들의 기후 난민들은 어디로 갈 것인가. 결국 굶어 죽지도 집이 물에 잠길 일도 없는 유럽과 북미로 몰려가지 않겠는가. 겨우 '백만 명 남짓한' 정도의 난민으로 유럽이 난리를 겪었는데 수천 만, 수억 명의 난민을 지구촌이 견뎌낼 수 있겠는가.

지구온난화는 감염병의 유행도 가져오고 있다. 온난화로 인해 열대 지역에 살던 박쥐와 같은 동물들이 인간이 많이 사는 온대 지역으로 확산되면서 인간과 동물들의 접촉이 늘어나 인수공통의 감염병이 늘어나고 있다. 20세기에는 20~30년 간격으로 유행병이 발생했는데 21세기에 들어와서 메르스, 에볼라, 사스, 지카, 코로나19 등 동물에서 유래한 인수공통 감염병이 2~3년 간격으로 터지고 있다. 현재 겪고 있는 코로나 팬데믹은 박쥐로부터 전파되었다고 알려져 있는데, 박쥐는 주로 열대 지역에서 서식한다. 그런데 지구온난화로 이들의 서식지가 점차 아열대화한 중국과 같은 온대 지역으로까지 확산되면서 박쥐와 인간과의 접촉이 늘어나서 발생한 것이다. 온난화로 인해 북극의 빙하가 녹고 영구 동토층이 감소하면서 휴면 중이던 세균이나 바이러스 등이 깨어나 감염병을 유행시킬 수도 있다.

해수 온도의 상승으로 이미 전 세계 3분의 1 이상의 산호초가 멸종위기에 처했고 금세기 전에 전멸할 수도 있다. 산호초는 대양의 표면적에 불과 0.1% 정도를 차지하고 있지만 해양 종의 25%가 서식한다. 산호초가 없어지면 여기서 서식하는 플랑크톤 등이 사라지고, 먹이가 없어진 소형 물고기들이 사라지고, 또 대형 물고기들이 사라지고, 결국 먹이사슬의 정점에 있는 인간의 먹이가 사라진다. 기후 위기는 지구의 동식물뿐만 아니라 인간의 멸종을 가져올 수 있는 그린스완인 것이다.

DESTINED

FUTURE

제2부

뉴 이코노믹스

1

디지털사회의 뉴 이코노믹스

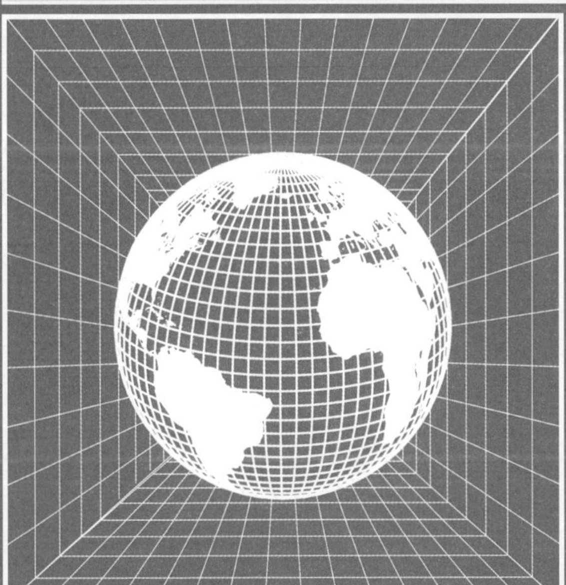

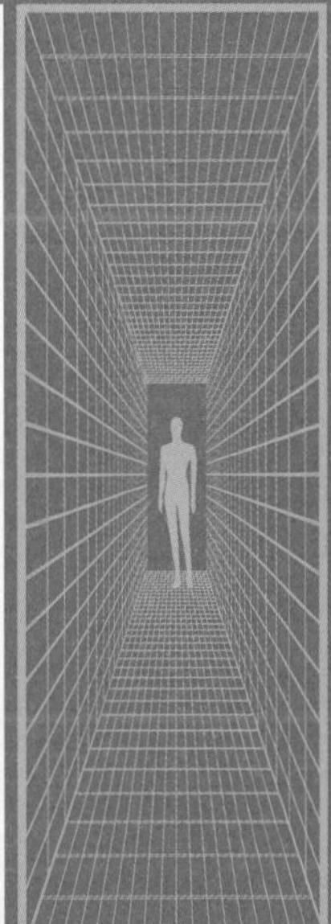

산업사회 경제학의 간단한 역사

경제학이라는 학문은 18세기 중엽 산업혁명이 시작되기 전까지는 존재하지 않았다. 1615년 프랑스의 중상주의 사상가였던 앙투안 드 몽크레티엥Antoine de Montchrétien이 '정치경제학'라는 용어를 만들었지만 학문이라기보다는 말 그대로 한 나라가 부강해지기 위해서는 금과 은 같은 귀금속을 많이 보유해야 하고 이를 위해서는 수입은 줄이고 수출은 증가시켜야 한다는 중상주의적인 사상을 설명하는 데 사용했다. 1767년 스코틀랜드 법률가였던 제임스 스튜어트James Steuart가 『정치경제학 원리에 대한 탐구』에서 처음으로 '나라의 살림살이'에 관한 본격적인 경제학 이론을 설명한 것으로 알려져 있다.[1]

경제학Economics라는 말은 그리스어인 '오이코스Oikos'와 '노모스Nomos'의 합성어이다. 오이코스는 가정을 뜻하고 노모스는 관리를 뜻한다. 즉 경제학이란 가정 살림살이를 관리한다는 말에서 나왔다. 동양에서 사용하는 경제經濟는 경세제민經世濟民에서 나온 말로 나라를 잘 다스려 백성을 구한다는 뜻이다. 현대경제학으로 보면 개인의 살림은 미시경제학의 분야이고 나라의 살림은 거시경제학 분야이다. 이를 보면 경제학은 개인의 살림과 나라의 살림을 잘 다스리는 방법을 연구하는 학문이라 하겠다. Economics의 'ics'는 물리학Physics에서 따왔다. 이름이 말해 주듯 경제학은 정치학, 인류학, 역사학과 같은 여타 사회과학에 비하여 가장 수학과 통계학과 같은 '과학적'인 분석 방법에 기초한다. 물리학, 화학, 의학 등과 같은 자연과학의 발전에 기여한 이들에게 수상하던 노벨상이 1968년 경제학을 추가한 것도 이 때문이다.

경제학은 개인이 이기적이고 합리적으로 사고하고 행동한다고 가정한다. 즉 경제학 이론의 핵심에는 자기중심적 인류인 호모 이코노미쿠스Homo economicus를 상정하고 있다. 아담 스미스Adam Smith는 『국부론』(1776)에서 시장이 이기적인 목적으로 생산과 소비에 참여하는 사람들의 이익을 극대화시킬 수 있다는 것을 보여주었다. 따라서 자유로운 시장경제를 보장하면 개인의 최대 효용을 가져올 뿐만 아니라 나라 전체의 최대 후생을 가져온다는 것이다. 아담 스미스에 이어 데이비드 리카도David Ricardo, 알프레드 마샬Alfred Marshall 등 일련의 영국 경제학자들은 산업혁명을 선도한 영국의 이익에 부합하는 자본주의와 자유시장경제 체제를 옹호하는 이론들을 정립했다. 개인의 자유로운 거래뿐만 아니라 국가 간에도 자유로운 무역과 투자를 보장하는 것이 모두에게 이득이라는 이론들이었다. 이를 고전학파 경제학이라고도 한다. 이후 경제학은 산업혁명과 함께 시작된 자본주의와 시장경제의 이론적 보루가 되어 왔다. 개인의 자원 소유를 보장하고 자유로운 거래를 보장함으로써 자본가의 투자를 촉진해 기술 개발과 생산의 확대 재생산을 가져왔다.

경제학의 주된 관심은 사회가 희소한 여러 자원을 어떻게 관리하는가이다. 즉 기업이 주어진 자원을 어떻게 이용해서 생산과 이윤을 극대화할 것인가 하는 것이고, 소비자가 주어진 소득으로 어떻게 소비함으로써 효용utility을 극대화할 것인가에 있다. 또한 개별 기업과 소비자의 총합이라고 할 수 있는 국가는 어떻게 한정된 자원을 이용해서 생산을 극대화하고 효율적인 분배를 함으로써 후생welfare을 증가시킬 것인가에 있다. 그런데 후생이 주로 국민소득의 증가에만 초점을 맞추고 점차 심화되고 있는 사회 양극화와 불평등, 그리고 기후 변화와 같은 환경 위기는 도외시한다는 비판을 받아 왔다. 게다가 주류경제학은 2008년 글로벌 금융 위기와 같은 상황을 예측하지도 못했을 뿐만 아니라 이에 대한 처방도 금융 위기를 불러온 월스트리트의 이익을 대변했다는 비판을 받았다.

세계에서 가장 널리 쓰이는 경제학원론 교과서는 하버드대 그레고리 맨큐Gregory Mankiw 교수가 쓴 『멘큐의 경제학』이다. 그런데 2011년

11월 멘큐 교수의 강의실에서 하버드대 학생들이 집단으로 퇴장하며 항의하는 일이 벌어졌다. 2015년 1월 전미경제학회American Economic Association 연례회의가 진행되고 있던 보스톤 쉐라톤호텔에 학생들이 몰려와 멘큐 교수를 비롯한 경제학자들에게 항의하기도 했다. 학생들은 성명에서 "경제학 혁명은 이미 시작되었다. 모든 대학의 권좌에서 우리는 당신들을 쫓아낼 것이다"라고 선언했다.

그럼에도 불구하고 세계적으로 심화되는 사회 양극화와 불평등, 그리고 기후 변화와 같은 위기가 나날이 심각해지고 있지만 이에 대한 경제학자들의 관심은 변방에 머물러 있다. 게다가 이 책의 1부에서 본 것처럼 이제 인류는 산업사회를 넘어 디지털사회로 들어감에 따라 산업혁명의 와중에 만든 이론들이 효력을 잃고 있다.

그동안 경제학이 전혀 변화가 없었던 것은 아니다. 경제학은 시대에 따라 조금씩 패러다임을 바꾸며 '발전'해 왔다. 가장 획기적인 패러다임의 변화는 1936년, 존 메이너드 케인스John Maynard Keynes가 『고용, 이자, 화폐에 관한 일반이론』을 출판할 때 이루어졌다.[2] 케인스는 아담 스미스 이후 고전학파가 그려 놓은 시장의 완전성과 완전고용을 비판했다. 때는 마침 1929년 시작된 세계대공황으로 세계경제는 대량 실업의 와중이었다. 세계대공황 이전까지 고전학파는 보이지 않는 손에 의해서 경제가 항상 완전고용 상태에 있다고 보았기 때문에 경기 변동이나 고용, 물가 등에 관심이 없었다. 케인스는 고전학파의 주장과 달리 시장은 완전하지 않으며 공급에 비하여 유효수요가 부족한 상태가 일반적이라고 주장했다. 이 때문에 정부가 유효수요를 창출하는 확장적 재정 정책을 실시해야만 실업을 해소할 수 있다고 했다. 미국 루즈벨트 대통령의 뉴딜 정책이 바로 이러한 확장적 재정 정책이었고 1939년에 발발한 세계대전도 기획하지 않았던 확장 재정의 결과를 가져왔다.

세계대전 와중 기업들은 팔지 못하고 쌓아 두었던 재고를 해소할 수 있었고, 생산을 늘리면서 고용은 증가하고 실업은 감소했다. 케인스의 처방이 효험을 발휘한 것이다. 1940년대부터 1960년대까지는 케인스 경제학파가 학계뿐만 아니라 세계 대부분 나라의 거시경제정책에 절대적인 영향력을 발휘했다. 부족한 유효 수요를 정부의 적극적인 재정정책으로 경제를 부양해야 한다는 주장이 받아들여졌다. 거시경제학도 케인스의 일반 이론과 함께 시작되었다. 존 힉스John Hicks가 개발한 IS-LM 모형(실질이자율과 실질국민소득의 결정모형)과 필립스A. W. Philips가 실증 자료로부터 찾아낸 필립스 커브(인플레이션율과 실업률 간의 역의 관계)가 기본이 되었다. 즉 실업률이 높으면(경기가 침체되면) 정부는 적극적인 재정의 확대로 경기를 부양하고, 인플레이션이 높아지면(경기가 과열되면) 정부는 긴축정책을 사용하면 된다는 것이었다. 1970년에 노벨경제학상을 받은 폴 사무엘슨Paul Samuelson은 대표적인 케인스 경제학자였고 현대 경제학의 아버지로까지 불렸다.

그러나 1970년대 경기 침체와 인플레이션이 동시에 나타나는 스태그플레이션이 발생하자 케인스의 수요관리정책은 힘을 잃었다. 필립스 커브가 작동하지 않은 것이다. 이에 따라 고전학파 후예라고 할 수 있는 밀턴 프리드만Milton Friedman을 비롯한 통화주의자들의 주장이 힘을 얻게 되었다. 프리드만은 구조적 문제를 해결하지 않고 수요부양 정책만을 쓰게 되면 실업율의 하락 없이 인플레이션만을 초래한다고 비판했다. 바로 이러한 통화주의자들의 주장에 따라 폴 볼커Paul Volcker 미 연방준비제도(이하 '연준') 의장은 임기를 시작한 1979년 8월부터 8%였던 기준금리Fed funds rate를 1980년 3월 20%까지 끌어올리며 강력한 인플레이션 억제정책을 취했다. 결과적으로 1980년 13.5%까지 올랐던 미국 소비자물가 상승률은 1982년에는 3.8%까지 감소했다. 이로써 1980년대는 고전학파의 후예라고 할 수 있는 통화주의의 시대가 되었다.

그러나 통화주의자들의 엄격한 인플레이션 억제 정책은 결국 실업률의 상승을 초래한다는 비판을 받았다. 실제 1980년대 인플레이션율은 낮았지만 실업률은 1982년 10.8%, 1983년 8.3%를 기록하는 등 필립스 커브가 부활하는 상황이었다. 이에 따라 신고전학파와 케인스학파의 주장을 결합하는 이론적 모형Neoclassical-Keynesian synthesis이 1990년대와 2000년대에 대세를 이루었다. 즉 신축적인 인플레이션 목표flexible inflation targeting라는 이름하에 중앙은행은 낮고 안정된 인플레이션을 유지하되 경제 하강기에는 어느 정도 인플레이션을 용인하면서 경기를 부양해야 한다는 것이다. 연준은 통화량 목표 대신 단기금리인 연방기금금리의 목표를 채택했다. 이러한 통화정책이 경제 운용의 주가 되고, 재정 정책은 제한적으로만 운영해야 한다는 주장이 폭넓게 받아들여졌다. 즉 재정 정책은 균형재정을 이루어 공공부채를 최소한으로 유지하고 장기적으로는 경제의 구조적인 문제를 해결해서 생산성을 높여야 한다는 것이다.

그러나 경제학자들은 2008년 발발한 글로벌 금융 위기를 예측하지 못했다. 연준은 연방기준금리를 0%까지 낮추는 초저금리 정책과 함께 돈을 찍어서 장기 국채를 매입하는 사상 초유의 양적완화QE를 실시했다. 연준은 코로나 팬데믹이 발생하기 전인 2020년 2월까지도 기준금리 1.25%의 초저금리 정책을 유지했다.

연준의 초저금리 정책은 양극화를 더욱 심화시키는 결과를 가져왔다. 이는 사회정의 측면에서의 문제뿐만 아니라 경제 성장에도 장애가 되었다. 부자들의 추가적인 소득 증가는 빈곤층이나 중산층의 소득 증가에 비해 소비를 증가시키는 정도가 낮다. 부자들은 이미 풍요로운 소비를 하고 있기 때문이다. 때문에 부익부빈익빈 현상이 총수요 증가에 장애요인이 되었다. 이런 와중에 터진 코로나 사태로 선진국들은 또다시 엄청난 재정을 쏟아 붓고 통화량을 증가시켰다. 연준은 2020년 3월 다시 기준금리를 0%로 낮추고 2008~2009년 글로벌 금융위기 당시보다 규모가 3배에 달하는 양적완화를 실시했다. 이러한 사상 초유의 확장적 재정정책과 통화정책은 양극화를 더욱 심화시키는 결과를 가져왔다.

18세기 중엽에 시작한 경제학은 당시 만연했던 중상주의 사상을 혁파하고 시장경제를 뒷받침함으로써 산업혁명을 이론적으로 뒷받침하고 결과적으로 인류 사상 가장 빠른 속도로 많은 사람들을 기아와 빈곤으로부터 탈출할 수 있도록 기여했다. 그러나 산업화는 결과적으로 부익부빈익빈의 사회 양극화를 심화시켰고 지구의 생태 환경을 파괴하고 기후 위기에 빠져들게 했다. 그럼에도 불구하고 경제학은 산업화 초기에 만든 성장과 소비 만능의 경제학 원리에서 벗어나지 않고 있다. 더욱이 우리의 예정된 미래는 인류의 세 번째 울드라 메가 혁명이라 할 수 있는 디지털혁명으로 산업사회가 아닌 디지털사회로 빠르게 변화되고 있다. 게다가 저출산과 수명 연장으로 어린아이보다 노인이 많은 세상이 되고 있다.

고전학파와 케인스 학파의 사상투쟁 정도로는 답이 안 나온다. 케인스와 동시대를 살았던 경제학자인 조지프 슘페터Joseph Schumpeter가 그토록 강조했던 '창조적 파괴'가 기업들뿐만 아니라 경제학자들 자신에게 꼭 필요한 시대이다. 그럼에도 불구하고 오늘날 대학에서 가르치는 경제학은 여전히 산업사회에 뿌리를 둔 1950년대의 이론과 교과서에서 거의 벗어나지 못하고 있다. 때문에 디지털사회를 살아야 하는 이들에게 도움이 되지 못하거나 도리어 잘못된 길을 안내한다. 뿐만 아니라 기후 위기부터 사회 양극화와 인구 고령화와 같은 중요한 문제에 대해서 경제학은 거의 침묵하고 있거나 여전히 흘러간 옛 노래를 부르고 있는 것이 사실이다.

따라서 제2부에서는 우선 디지털혁명으로 전개되는 새로운 현실을 경제학이 어떻게 설명해야 하는지 고민하며, 그다음 경제학이 점점 심각해지고 있는 사회 양극화와 환경 파괴 및 기후 위기를 어떻게 설명하고 포용해야 하는지 설명한다.

디지털사회의 경제발전 단계

경제발전론에서 월트 로스토Walt Rostow가 1959년에 발표한 「경제 성장의 단계」라는 논문은 고전이다.[3] 로스토는 이 논문에서 국가의 성장은 다섯 단계를 거친다고 주장했다.

① 전통사회: 노동집약적인 농업사회, 무역과 기술에 대한 이해 부족

② 도약 준비: 제조업 태동, 지역에서 국가와 세계로 관심 이동

③ 도약: 산업화와 함께 경제 성장 가속화

④ 성숙: 생활 수준 향상, 기술 활용 증대, 경제 다변화

⑤ 대량소비: 대량생산·대량소비와 함께 자본주의 성숙

로스토의 발전 단계 모델은 여전히 많은 사람들에게 국가 발전을 위한 로드맵으로 간주된다. 한국이나 싱가포르는 이러한 방식으로 성장한 대표적인 국가들이다. 한국과 싱가포르는 식민지로부터 독립했을 때만 하더라도 농업을 기반으로 한 빈곤 국가였다. 그러나 1960년대 이후 이들 국가는 로스토의 발전 단계를 거치면서 산업화하는 데 성공했고 지금은 일인당 국민소득이 선진국 수준에 달한다.

그러나 모든 나라들이 이러한 발전 단계를 거치는 것은 아니다. 일부는 단계를 건너뛰거나 다른 경로를 택하기도 한다. 또 일부 국가들은 한국이나 싱가포르와 달리 문화와 종교적인 이유 혹은 내륙국 등의 이유로 첫 번째 단계에서 벗어나지 못하고 있다.

미국과 대부분의 서유럽 국가들, 일본과 한국, 싱가포르 등과 같은 동아시아 국가들은 대부분 로스토의 마지막 발전 단계에 도달했다. 그렇다면 이들 국가들이 도달한 다섯 번째 단계의 다음은 무엇이냐는 것이다. 실상 로스토의 발전 단계 모델은 산업사회의 발전 단계 모델이다. 즉 농업사회에서 산업사회로 전환되는 과정을 설명하는 모델이다.

이제는 디지털혁명이 진행 중이고 호모 사피엔스는 호모 디지털로 진화하고 있다. 현재의 방식으로 계산된 생산성으로는 제대로 잡히지 않고 있지만 인류의 생산성은 폭발적으로 증가하고 있다. 이제 로스토가 설명한 농업사회에서 산업사회로의 발전 단계 모형 대신, 산업사회에서 디지털사회로의 새로운 발전 단계 모형이 필요하다.

로스토의 발전 단계 모형을 조금 변형하면 다음과 같이 디지털사회로의 발전 모형을 만들 수 있을 것이다.

① 산업사회: 제조업 중심의 대량생산·대량소비

② 도약 준비: 컴퓨터 및 IT 기술 태동, 인터넷망 구축

③ 도약: 초고속 인터넷과 스마트폰 등장, 메타버스로의 이동 시작

④ 성숙: AI로봇의 일상화, 현실세계와 가상세계의 통합과 다변화

⑤ 미지의 단계: ?

디지털사회로의 발전에서 첫 번째 단계는 로스토의 발전 단계 중 마지막 단계인 제조업 중심의 대량생산과 대량소비 사회이다. 이미 대부분의 선진국들이 이 단계에 진입해 있다. 두 번째 단계인 도약 준비 단계는 컴퓨터와 IT 기술이 태동하고 초고속 인터넷망이 구축되는 단계이다. 개인용 컴퓨터가 보급되던 1980년대와 아마존 등 1세대 인터넷 기업들이 등장하던 1990년대라고 할 수 있다. 이른바 제3차 산업혁명이라고 부르는 기간이다. 2001년 닷컴 버블이 꺼지면서 많은 디지털 혁신 기업들이 사라졌지만 아마존, 구글과 같은 기업들은 살아남아 수천 배의 기업 가치를 만들어내며 디지털사회를 준비했다.

세 번째 단계인 도약 단계는 2007년 스티브 잡스가 스마트폰을 내놓은 이후부터라고 할 수 있다. 전 세계 인류는 손에 쥐고 있는 슈퍼컴퓨터를 초고속 인터넷으로 연결해서 정보를 교환할 뿐만 아니라 현실세계에서 할 수 있는 거의 대부분의 일들을 가상세계에서 하기 시

작했다. 그리고 디지털 기술이 생명공학, 재료공학 등과 융합되면서 일련의 파괴적 혁신이 폭발하고 있는 중이다. 특히 2020년 발생한 코로나 팬데믹이 도약의 속도를 더욱 빠르게 했다. 코로나 팬데믹으로 디지털사회로의 전환이 최소 10~20년은 앞당겨졌다. 도약 단계는 2030년 정도면 거의 마무리될 것이다.

네 번째 단계는 성숙 단계로서 인류사회는 산업사회를 벗어나 디지털사회로 깊숙이 진입하는 단계이다. 인간의 능력을 뛰어 넘는 AI로봇이 가정과 직장과 학교에 널리 보급될 것이다. 노동으로부터 자유로워진 인간은 이제 현실세계와 가상세계를 오가며 많은 시간을 보낼 것이다.

이후 5단계는 미지의 단계이다. 확실한 것은 인간은 AI로봇에게 거의 모든 일을 맡긴 후 주체할 수 없이 많아진 시간을 가상세계에서 보낼 것이다. 인간의 수명과 행복은 더이상 신이 아닌 인간의 손에 달렸다는 오만이 하늘을 찌를 것이다. 이런 와중에 인구 고령화와 사회 양극화로 더이상 경제 성장이 지속가능하지 못하는 상황에 이를 수 있다. 이를테면 구조적인 장기 불황이 오거나 1929년 발발했던 세계대공황과 같은 경제 위기를 맞을 수도 있다. 한편으로 기후온난화로 인한 지구생태계 파괴, 기상 이변, 해수면 상승, 식량 위기 등이 더욱 심각해지면서 인류는 절멸의 위기 상황으로 몰릴 가능성이 크다.

사피엔스의 앞선 두 번의 울트라 메가 혁명인 농업혁명과 산업혁명에 이어 디지털혁명도 거대한 사기가 될 수 있는 것이다.

디지털사회의 경제지표 측정

GDP의 측정

사이먼 쿠즈네츠Simon Kuznets가 처음 개념을 만든 국민총생산GNP은 특정 기간 동안 한 나라가 보유하고 있는 생산요소와 기술을 이용해서 생산해낸 모든 상품과 서비스의 시장가치를 합하는 방법으로 계산한다. 여기서 '한 나라가 보유하고 있는 생산요소와 기술'이란 국내뿐만 아니라 해외에 투자된 것까지 포함된다. 그런데 1990년대 이후 세계화globalization가 확산되면서 국내의 기업들이 해외에 투자해서 벌어들이는 것보다 외국의 투자 기업들이 국내에서 만들어내는 고용이 더 중요하다는 인식이 확산되었다. 이에 따라 대부분의 나라에서 GNP 대신 국내총생산GDP라는 개념이 사용되고 있는데 이는 특정 기간 동안 한 나라 내에 있는 생산요소와 기술을 이용해 생산해낸 상품과 서비스의 시장가치를 모두 합한 것이다. 여기서 '한 나라 내에 있는 생산요소와 기술'이란 국내 기업들뿐만 아니라 해외기업들이 국내에 투자한 것까지 포함한다.

GDP는 국내에서 생산된 것이면 무엇이든 포함된다. 예를 들어 이번 코로나 사태로 확진자가 증가하면 GDP는 증가한다. 확진하는 데 투여된 비용과 확진자들을 위한 치료시설과 치료약에 투여된 비용이 모두 GDP 증가로 나타난다. 화재나 다리의 붕괴가 발생하면 이를 수습하는 비용부터 재건하는 비용뿐만 아니라 전쟁 발발 시 군비가 증가하는 것도 GDP 증가로 나타난다. 이러한 예들은 사회의 삶의 질을 개선하기는커녕 도리어 악화시킴에도 불구하고 GDP 증가로 나타나는 것이다. GNP도 마찬가지이다.

이 때문에 GDP의 전신인 GNP가 처음 등장할 때부터 많은 비판을 받아왔다. 미국 존 F. 케네디 대통령의 동생이자 민주당 대통령 후보였던 로버트 케네디는 1968년 캔자스대학교 연설에서 다음과 같이 GNP의 문제점을 지적했다.

"우리의 국민총생산GNP은 대기 오염과 담배 광고, 고속도로에서 사망한 사람들을 치우는 구급차를 포함시킵니다. (…중략…) 이 지표는 삼나무를 잘

라내고 경이로운 자연을 파괴하는 행위도 성장으로 여깁니다. 네이팜 탄과 핵무기와 시위 진압용 장갑차도 포함합니다. 총과 칼을 판매해도, 아이들에게 장난감을 팔기 위해 폭력을 미화하는 텔레비전 프로그램을 만들어도 국민총생산을 늘리는 것으로 계산됩니다."

로버트 케네디의 지적처럼 GNP와 GDP는 자연을 파괴하는 행위도 성장한 것으로 나타낸다. 탄소 배출의 주범 중 하나인 석탄화력발전소를 건설해도 경제는 성장한 것으로 나타난다. 생산 과정에서 많은 에너지를 사용하고, 많은 화학물질을 강에 흘러내 보내며, 많은 탄소와 오염물질을 공기에 내뿜어도 GNP와 GDP는 생산물의 가치만 포함할 뿐 환경을 훼손한 비용은 포함하지 않는다. 게다가 GNP나 GDP는 총생산만을 계산한 것이다. 때문에 소수의 소득이 크게 증가하고 대다수의 소득은 감소하고 하더라도 총생산이 증가하면 GNP와 GDP는 증가한 것이고 경제는 성장한 것으로 나타난다.

GNP 개념의 창시자인 사이먼 쿠즈네츠조차도 1934년 미 의회에 제출한 보고서에서 "국가의 복지는 국민소득의 척도로 거의 유추될 수 없다"고 말했다. GNP나 GDP는 삶의 질을 측정하는 것이 아닌 것이다. 때문에 많은 학자들과 단체들이 대안 지표를 제시해 왔다. OECD에서는 '더 나은 삶 지수BLI: Better Life Index'를 내놓았고, 유엔개발계획UNDP는 인간개발지수HDI: Human Development Index, 유엔 지속가능발전해결네트워크UN Sustainable Development Solutions Network는 세계행복지수WHI:

World Happiness Index를 발표하고 있다.

삶의 질은 경제 성장, 사회적 형평성, 그리고 자연환경의 지속가능성에 의해서 크게 영향을 받는다. 위에서 언급한 여러 GDP 대안 지표들은 GDP를 경제적 성과만을 측정하는 것으로 보고, GDP 증가가 사회적 형평성이나 자연환경의 지속가능성도 포함하려는 노력으로 제시된 것들이다.

대부분의 주류 경제학자들은 인간의 삶의 질을 측정하는 데 있어서 GDP의 한계를 인정한다. 그럼에도 불구하고 GDP를 불완전하긴 하지만 경제적 산출의 중요한 척도로 간주한다. GDP는 매 분기, 매년마다 경제가 성장하는지 축소하는지 알려주는 경제 상황 지표로서 사용된다. 더욱이 언론인과 정치인들은 GDP를 경제 발전과 동의어로 간주하는 경향이 있다.

그러나 디지털혁명이 확산되면서 GDP가 경제적 성과만을 측정하는 지표로서도 여러 문제가 발생하고 있다. GDP를 추정하는 방법에는 여러 가지가 있지만 경제 여러 부문에서 재화와 서비스에 지출한 총 금액을 합산하는 지출 기반 접근 방식이 가장 일반적이다. 이 접근 방식으로 계산된 GDP에서 지출은 소비지출, 투자지출, 정부지출, 그리고 순수출(수출 마이너스 수입)로 구분되는데 소비지출은 일반적으로 가장 큰 비중을 차지한다.

우리 인간은 디지털혁명으로 점점 더 쉽게 탐색하고, 친구들과 다양한 방식으로 소통하고, 좋은 음악을 듣고, 비즈니스를 하는 등 수많은 혜택을 누리고 있다. 그럼에도 불구하고 많은 디지털 상품과 서비스는 무료 또는 아주 낮은 가격으로 제공되고 있어서 GDP에서 이러한 디지털혁명의 혜택이 제대로 계산되지 않는다. GDP가 사람들이 상품과 서비스에 대해 지불하는 금액인 화폐가치를 기반으로 계산되기 때문이다.

그러나 대부분의 사람들은 종이에 인쇄된 비싼 백과사전보다 위키피디아와 같은 온라인 무료사전에서 더 많은 가치를 얻는다. 브리태니카 백과사전을 위키피디아로 바꾸는 디지털 전환이 이루어지면 경제 발전인 동시에 소비자인 우리의 후생은 증가한다. 그러나 백과사전을 더이상 구입할 필요가 없기 때문에 GDP는 감소하는 것으로 계산된다. 마찬가지로 무료로 제공되는 디지털 신문의 폭발적 등장으로 돈을 지불하고 사야 하는 인쇄된 신문은 감소하면서 GDP는 감소하는 것으로 계산된다. 사람들은 더 손쉽고 빠르게 뉴스 서비스를 이용하면서 후생이 증가함에도 말이다. 인쇄된 지도보다 구글 맵과 같은 온라인 무료 지도에서 더 많은 가치를 얻는다. 위키피디아나 구글 맵이 유료화된다면 많은 사람들이 기꺼이 돈을 지불하려 할 것이고 이는 GDP에 포함될 것임에도 말이다. 블록체인을 이용한 새로운 암호화폐가 핀테크의 중심에서 새로운 금융 서비스를 제공하고 있음에도 이 또한 GDP 추계에 포함되지 않는다.

이 때문에 GDP 수치만 본다면 디지털혁명이 거의 경제 성장 증가에 기여하지 않은 것처럼 보인다. 깨어 있는 시간의 절반을 디지털세계에서 소비하는 사람들의 경제적 웰빙을 GDP가 제대로 반영하지 못하고 있는 것이다. 인터넷 플랫폼과 스마트폰과 같은 디지털 기기들은 2000년대 중반 이후부터 미국을 위시한 선진국들에서 급격한 성장을 하면서 소비자에게 많은 새로운 디지털 서비스를 제공해 왔음에도 불구하고 이 기간 동안 이들 국가들의 GDP와 생산성은 느린 성장을 보인 것으로 측정되는 것도 이 때문이다.

이 때문에 학자들과 국제기구들은 다양한 대체 지표를 제안한다.[4] MIT의 브린욜프슨 교수는 그의 박사과정생이었던 콜린스와 함께 기존 GDP 지표를 보완하는 대체 지표로서 GDP-B를 제안했다.[5] 이 지표는 디지털세계에서의 새로운 상품과 서비스가 소비자 복지에 기여하는 정도를 정량화하여 이를 GDP에 추가하는 방법으로 계산한다. 이를 위해서 대규모 온라인 설문조사를 통해 GDP 통계에 누락된 디지털 상품과 서비스들에 대한 소비자의 선호도를 조사한다. 예를 들어 "한 달 동안 위키피디아 또는 페이스북에 대한 액세스를 할 수 없는 대신 얼마의 보상을 받겠느냐?" 식의 질문을 하는 것이다. 브린욜프슨과 콜린스는 이 같은 방법으로 페이스북의 소비자 잉여가치를 GDP에 포함하면 2004년부터 2017년까지 미국 GDP 성장률이 연평균 0.11%포인트가 추가로 증가했을 것이라고 주장한다.

그러나 이 방법도 여러 가지 문제가 있다. 무엇보다 현재의 GDP 추계에 포함된 제품들도 실제 시장에서 거래된 가격보다 소비자 잉여는 일반적으로 더 크지만 오직 시장에서 거래된 가격으로 표시된 거래금액만 포함된다. 그러나 대규모 플랫폼 기업들이 제공하는 디지털 상품과 서비스 말고도 매일같이 많은 디지털 거래가 메타버스 공간에 여러 종류의 암호화폐로 이루어지고 있는데 이러한 거래는 GDP-B와 같은 설문조사 방법으로는 GDP에 포함시키기 불가능하다. 예를 들어 로북스Robux라는 디지털화폐를 사용해서 로블록스Roblox 안에서 이루어지는 거래되는 GDP에 반영되지 않는 것이다. 또한 일반 상품과 달리 디지털 상품과 디지털 서비스만 소비자 잉여로 거래금액을 추정하는 것은 형평성 문제가 있다.

결국 GDP로 계산되기 위해서는 무엇보다 디지털 상품과 서비스의 가격이 법정화폐 단위로 측정되어야 하는데 급속한 디지털사회로의 전환에서 이것이 제대로 이루어지지 않고 있는 것이다.

물가의 측정

GDP는 최종 재화 및 서비스의 총액을 법정화폐 단위로 표시한 것이다. 그런데 법정화폐의 실질가치는 시간이 흐름에 따라 계속 변화한다. 법정화폐의 실질가치가 하락하면, 즉 전반적인 상품 및 서비스의 가격인 물가가 상승하면 최종 재화 및 서비스의 실질가치는 변화가 없더라도 명목가치인 명목 GDP는 상승하는 것으로 나타난다. 때문에 물가를 측정하는 것은 매우 중요하다. 실질 GDP는 명목 GDP에서 인플레이션율을 뺀 것이기 때문에 인플레이션율이 정확하지 않으면 실질 GDP도 실질적인 경제적 성과를 나타낸 지표라고 믿을 수 없게 된다.[6]

또한 전 세계 대부분의 중앙은행들은 물가상승률을 모니터링해서 금리와 통화량을 조정한다. 정부는 이를 최저임금을 비롯해서 다양한 사회 보장 혜택을 조정하는 데 활용하고 기업들은 임금 조정에 중요한 참고자료로 사용한다. 또한 한 국가의 인플레이션율은 그 나라 통화의 상대적 구매력과 금융시장에 대한 투자 위험에 대한 중요한 정보를 제공하기도 한다. 이러한 중요성을 감안할 때 인플레이션 측정은 매우 정확해야 한다.

개념적으로 물가 상승을 나타내는 인플레이션은 주어진 경제에서 평균적인 소비자의 생활비 변화를 나타내야 한다. 때문에 인플레이션은 일반적으로 소비자물가지수CPI의 증가율로 계산한다. CPI를 계산하는 데 사용되는 방법은 평균적인 가계의 소비 패턴에 따라 상품 및 서비스의 종류와 비중을 정하고 이들 상품과 서비스가 포함된 바구니의 특정 시점의 가격을 계산한다. 그런 다음 이 바구니 가격의 변동을 시간 경과에 따라 추적하는 것이다. 새로운 상품과 서비스가 출시되고 소득 증가 등의 이유로 소비 패턴은 변하는 경향이 있다. 따라서 통계 기관은 소비 바구니의 구성과 가중치를 가능한 한 최신 상태로 유지하기 위해 정기적으로 업데이트해야 한다.

그러나 통계기관이 선정하는 디지털 상품 및 서비스의 종류와 비중은 빠른 속도로 증가하는 디지털 소비를 따라잡지 못하고 있다. 또한 디지털 상품 및 서비스의 가격 구조는 전통적인 상품 및 서비스와 매우 다르기 때문에 시장가격을 측정하는 것은 매우 어렵다. 디지털 상품 및 서비스의 가격을 찾는 것도 어렵지만 가격 변동을 측정하는 것도 어려운 문제다.

메타버스에서의 경제 활동이 점차 늘어남에도 불구하고 전통적인 GDP 계산 방법이 이를 포함시키지 못하는 것처럼 물가의 측정도 마찬가지이다. 메타버스에서 암호화폐로 거래되는 다양한 서비스들도 대부분 가격은 계속 변화한다. 전통적인 통화로 측정을 못하고 있을 뿐이다. 그러나 이러한 메타버스에서의 서비스들도 경제 활동이고 인간의 삶에 영향을 미친다. 그렇기 때문에 이들 가치를 GDP에 포함시켜야 하는 것처럼 이들 가격의 변화도 물가의 측정에 포함시켜야 하는 게 맞다.

역사적으로 CPI는 경제적 상황과 소비자 패턴의 변화를 적시에 반영하지 못해 왔다. 예를 들어, 미국에서 자동차가 CPI에 포함된 때는 1940년이었는데 이때 미국에서는 이미 도시에 거주하는 가구 2가구 중 1가구 이상이 자동차를 소유하고 있을 때였다. 더욱이 중고차는 1950년대 초까지 CPI에 포함되지 않았다. 실내 에어컨은 1950년 초부터 미국에서 널리 판매되었음에도 불구하고 1964년이 되서야 CPI에 처음 도입되었다.

디지털사회로의 전환이 빠르게 이루어지고 있는 오늘날에도 디지털 상품과 서비스의 가격이 CPI에 반영되기까지는 많은 시간이 걸릴 수도 있다.

디지털경제의 새로운 생산함수

경제학은 희소한 자원을 어떻게 하면 가장 효율적으로 활용함으로써 인간의 후생을 극대화할 것인가를 연구한다. 한 나라를 대상으로 하면 그 나라가 갖고 있는 자원을 이용해서 어떻게 효율적으로 생산을 극대화하고, 어떻게 생산한 것을 분배할 것인가가 중요한 연구 대상이다. 기업의 경우에는 주어진 자원, 즉 생산요소를 어떻게 효율적으로 이용해서 생산과 이윤을 극대화할 것인가가 중요한 연구 대상이다.

호모 사피엔스의 30만 년 역사 중 농업혁명 이전인 29만 년 동안 인간은 숲과 들에서 사냥과 채집을 하며 살았다. 사냥과 채집은 사람의 육체적 노동이 집약적으로 사용되는 일이었다. 매머드와 같은 대형동물을 사냥하기 위해서는 많은 사람들이 협업을 해야 했다. 현대 경제학적인 용어를 사용하면 인간의 노동이 유일한 생산요소였다. 그래서 일할 수 있는 구성원의 숫자가 많을수록 그 부족은 더 많은 식량을 구할 수 있었고 힘이 센 부족이었다. 때문에 사냥할 수 없는 노인이나 병자는 종종 버려졌다. 경제학 용어를 이용해서 농업혁명 이전의 생산함수를 표시하면 아래와 같다.

농업혁명 이전의 생산함수: Q = f (노동)

약 1만 년 전 인류는 수렵과 채집 대신에 동물을 직접 키우고 식량을 재배하는 방법을 깨닫게 되었다. 이것이 인류의 첫 번째 울트라 메가 혁명인 농업혁명이었다. 이로써 드디어 토지가 노동에 이어 중요한 생산요소가 되었다. 사람의 숫자뿐만 아니라 토지, 즉 땅의 크기가 생산량을 결정하는 시대였다. 따라서 일할 수 있는 노동력과 토지를 얼마나 많이 갖고 있느냐가 국가의 부와 권력의 크기를 결정했다. 그래서 고대 국가들은 영토와 노예를 얻기 위해서 치열한 전쟁을 했다. 물론 쟁기나 마차와 같은 기계가 사용되기는 했다. 그러나 이는 인간의 육체적 노동을 아주 제한적으로 보완하는 정도에 지나지 않았다. 그리고 소나 말, 당나귀, 낙타와 같은 가축들도 쟁기질이나 곡식 빻기, 수송 등의 역할을 했으니 가축도 엄밀하게 말하면 생산요소에 추가할 수 있다. 그러나 생산에 있어서 가축의 역할은 매우 제한적이었다. 때

문에 농업혁명 이후의 생산함수에서 생산요소는 노동과 토지였다.

농업혁명 이후의 생산함수: Q = f (노동, 토지)

18세기 중엽 시작된 산업혁명으로 인류는 노동뿐만 아니라 기계를 활용해 물건을 만들 줄 알게 되었다. 기계, 즉 자본이 노동과 토지에 이어 중요한 생산요소가 된 것이다. 반면 노동은 생산에서 변방으로 밀려나면서 그 중요성을 잃게 되었고 기계의 소유주인 자본가들은 힘이 커졌다.

이에 산업혁명과 함께 새로운 학문 분야로 등장한 경제학에서는 한 나라의 GDP는 노동, 자본, 토지 등의 3대 생산요소와 이를 산출물로 바꾸는 기술 수준에 따라 결정된다고 가르쳐 왔다. 즉 한 나라가 경제성장을 이루기 위해서는 그 나라의 노동력이 증가하거나 그 나라의 자본 축적이 빨리 이루어지거나 아니면 땅덩어리가 커지거나 아니면 기술 수준이 높아져야 한다.

산업혁명 이후의 생산함수: Q = f (노동, 토지, 자본)

디지털혁명과 함께 AI와 로봇이 인간의 정신적 능력뿐만 아니라 육체적 능력까지도 대신할 수 있게 되었다. 이제는 AI로봇이 새로운 생산의 필수요소로 추가되어 3대 생산요소가 아니라 4대 생산요소가

GDP를 결정하는 세상인 것이다.

디지털혁명 이후의 생산함수: Q = f (노동, 토지, 자본, AI로봇)

AI로봇이 제대로 작동하기 위해서는 빅데이터를 필요로 한다. 여기서 중요한 점은 AI로봇이 새로운 생산요소로 추가되면서 노동이라는 생산요소의 상당 부분을 대체할 것이라는 것이다. 이제 기업들은 인공지능, 빅데이터, 로봇과 같은 새로운 생산요소를 얼마나 잘 활용하느냐가 흥망을 좌우한다.

AI로봇도 결국 자본의 일부가 아니냐는 반론을 할 수 있다. 그러나 자본은 주로 인간의 육체적 노동을 대체하는 기계인 데 반해 AI로봇은 인간의 육체적 노동뿐만 아니라 정신노동까지 대체한다는 점에서 다르다. 그렇다면 AI로봇의 증가를 기술의 발전으로 설명할 수 있지 않느냐라는 반론을 제기할 수 있다. 기술은 생산요소의 생산성을 의미한다. 기술이 발전하면 생산요소의 생산성이 증가한다. 산업혁명과 함께 자본이 증가하면서 노동의 생산성이 증가했다. 그렇다고 생산함수에서 생산설비와 같은 자본을 제외하고 자본의 증가를 기술의 발전으로만 설명하지 않는다. 마찬가지로 AI로봇의 활용이 증가하면서 노동과 자본의 생산성은 증가하게 된다. 그렇다고 해서 생산함수에서 AI로봇의 증가를 기술의 발전으로만 설명할 수 없는 것이다.

경제학에서 생산 규모를 증가시킬 때 추가적으로 들어가는 비용을 한계비용marginal cost이라고 한다. 일반적으로 경제학은 생산 규모가 증가할 때 한계비용이 체증하는 경우, 체감하는 경우, 그리고 불변하는 경우로 구분한다. 한계비용이 체증하는 경우 생산 규모가 늘어나면 평균비용을 증가시켜 이윤을 감소시킨다. 반대로 한계비용이 체감하는 경우에는 생산 규모를 늘리는 것이 평균비용이 감소해서 이윤을 증가시킨다. 이를 규모가 클수록 경제 효과가 커진다는 의미에서 규모의 경제economies of scale라고 한다.

구글이 검색엔진 플랫폼을 만들어 놓으면 사용자 수가 1억 명에서 2억 명으로 늘어도 구글은 추가비용을 거의 지출할 필요가 없다. 디지털세계에서는 한계비용이 거의 제로(0)에 가까운 생산이 가능하다. 구글처럼 빅테크 기업이 아니더라도 개인이 로블록스에서 새로운 게임을 일단 만들기만 하면 그때부터는 사용자가 늘어도, 즉 생산이 늘고 수입이 늘어나도, 한계비용은 제로이다. 디지털 기업들에게 저장, 운송, 복제에 드는 비용이 거의 없기 때문이다. 비약적으로 향상 중인 AI와 방대한 양의 빅데이터와 같은 디지털 기술은 재료공학, 생명공학을 비롯한 수많은 분야와 융합되고 있다. 이에 따라 이러한 분야의 기업들의 한계비용도 크게 감소하고 따라서 더욱 커진 규모의 경제효과를 기대할 수 있다.

생산성은 입력 단위가 출력 단위로 얼마나 효율적으로 변환되는지를 측정한 것이다. 한 나라의 생산성은 총요소생산성TFP: Total Factor Productivity이라고 한다. 일반적으로 노동 및 자본과 같은 투입물에 대한 경제적 산출물(실질 GDP)의 비율로 계산된다. 미국 노동통계청BLS: Bureau of Labor Statistics에 따르면 2007~2019년 동안 비농업 부문의 총요소생산성 증가율은 연평균 0.5%에 불과했다. 이는 1990~2000년 동안의 연평균 증가율 1.0%와 2000~2007년 동안의 연평균 증가율 1.4%에 비하여 매우 낮은 수치다.[7]

생산성은 장기적인 경제 성장에서 가장 중요한 요인이다. 인류의 세 번째 울트라 메가 혁명이라 할 수 있는 디지털혁명이 도약하려는 시점의 생산성 증가율이 이전에 비해 훨씬 낮다는 통계 분석 결과는 믿기 어렵다. 앞에서 설명하였듯이 디지털혁명에서 창출되는 재화와 서비스는 높은 수준의 품질을 갖추었지만 기존 시장과는 근본적으로 다른 시장을 통해 유통되고 있다. 많은 디지털 서비스는 아예 GDP 통계에 잡히지 않고, 잡히더라도 한계비용이 거의 없는 디지털 플랫폼을 통해 거래되기 때문에 가치가 매우 낮게 책정된다. 예를 들어 모바일 앱을 이용해 택시를 부르거나 차량 대여서비스를 사용함으로써 소비자가 얻는 신속함과 편리함은 가격에 전가되지 않는다. 도리어 전통적인 택시나 렌터카를 사용하는 경우보다 저렴한 가격에 사용함으로써 통계 수치로서의 생산성 지수가 소비자가 얻는 소비자 잉여를 제대로 반영하지 못하는 것이다.

블록체인과 웹(Web) 3.0

디지털혁명은 개인과 기관의 참여와 협업 방식을 혁명적으로 바꾸고 있는 중이다. 블록체인blockchain은 특정 기관의 관리 없이 네트워크상의 모든 참여자들의 공동의 검증을 받는 분산원장 방식의 프로토콜이다. 모든 거래는 암호화된 상태로 모두에게 공유되기 때문에 특정 사용자가 시스템을 통제할 수 없고, 모든 참여자의 검증을 받아야 하므로 신뢰할 수 있다.

블록체인 기술을 활용한 가장 선구적인 암호화폐cryptocurrency라고 할 수 있는 비트코인Bitcoin은 익명의 소프트웨어 엔지니어인 사토시 나카모토에 의해 2008년에 출시되었다. 이 외에도 2015년에 출시된 이더리움Etherium을 비롯한 수많은 암호화폐들이 등장했고 2021년 한 때 총가치는 거의 3조 달러에 육박했다. 암호화폐는 일반적으로 가상 지갑virtual wallet을 가진 사람들 사이의 분산 컴퓨터 네트워크에서 교환된다. 이러한 거래는 '블록'에 기록되고 네트워크를 통해 확인된다. 블록체인은 실명이나 실제 주소를 기록하지 않고 디지털 지갑 간의 이체만 기록하므로 사용자에게 어느 정도의 익명성을 부여한다.

블록체인과 암호화폐는 '탈중앙 금융' 또는 DeFiDecentralized Finance 붐도 일으키고 있는 중이다. DeFi는 은행과 같은 중개기관이 없이 사람들이 변조 방지 분산 원장인 블록체인을 이용해서 송금이나 대출과 같은 금융거래를 할 수 있도록 하는 것이다. 대부분의 DeFi 앱은 이더리움 블록체인을 기반으로 하고 있다. 이더리움은 개발자가 스마트 계약, 즉 거의 모든 애플리케이션을 구축할 수 있도록 하는 프로그램을 실행할 수 있도록 함으로써 DeFi을 가능하게 한다. DeFi는 게임, 미디어, 시장, 소셜 네트워킹으로 확장하고 있다.

이 확장의 핵심에는 '대체불가토큰NFT: non-fungible token'이 있다. 일반적으로 디지털 콘텐츠는 원본과 복사본을 구분할 수 없다. NFT는 디지털 콘텐츠의 '소유권'을 증명하는 블록체인 기술이다. 디지털 콘텐츠의 소유와 이력을 '블록'에 기록하고 이를 대중들에게 공개하는 일종의 '온라인 등기권리증'이다. 이 때문에 원작자는 디지털로 된 제품에 대해 로열티를 받을 수 있다. 디지털콘텐츠는 미술, 사진, 비디오, 음악, 게임, 텍스트 등 다양하다. NFT는 기본적으로 실제세계에 있을 수 있는 모든 것을 블록체인 기술을 이용해서 디지털로 기록할 수 있다. 그리고 그 기록은 블록체인 기술을 이용한 다른 모든 것과 마찬가지로 투명하고 변경할 수 없다.

NFT의 원조는 2017년에 출시된 온라인게임 '크립토키티CriptoKitties'다. 이 게임에선 가상의 고양이를 기르고 이더리움을 통해 사고판다. 가상 디지털 고양이 한 마리가 한 때 1억 원이 넘는 가격으로 팔릴 정도로 인기를 끌었다.

이후 시장은 그림과 같은 온라인 작품으로 확산됐다. '비플'이라는 이름으로 알려진 디지털 아티스트인 마이크 윈켈만Mike Winkelmann이 5,000일 동안 매일 모아 만든 NFT 작품 한 개가 크리스티 경매에서 6,930만 달러(약 830억 원)에 낙찰됐다. 트위터 창업자 잭 도시가 15년 전 만든 첫 트윗은 290만 달러(약 35억 원)에 팔렸다. 이 외에도 스포츠 선수들의 사진이나 동영상 등이 오픈씨OpenSea와 같은 NTF 플랫폼에서 팔리고 있다.

이제 전통 유통 기업들도 NFT 시장에 가세하고 있다. 세계 1위 스포츠 브랜드인 나이키는 로블록스에 '나이키랜드'를 구축하고 메타버스에서만 쓸 수 있는 신발과 의류를 판매한다. 언더아머와 아디다스 등과 같은 스포츠 브랜드들도 자체 상품의 NFT를 온라인 시장에 내놓았다.

모든 사람의 컴퓨터에서 볼 수 있는 작품임에도 불구하고 엄청난 가격을 지불하며 소유권을 얻는 이유는 무엇일까? 자신만이 그 작품의 주인이라는 사실만으로도 충분한 만족을 느끼는 것이라 할 수 있다. 대부분의 사람들은 예술 작품을 구입하면 자기 집 또는 사무실에서 자기를 비롯한 소수만이 즐긴다. 그 소수에는 가족뿐만 아니라 친척, 친구, 직장동료 등이 포함된다. 이들에게 그 작품을 소유한 데에 대한 자랑하고 싶은 마음도 예술 작품을 구입하는 이유이다. 과거에 우표를 수집하고 유명한 운동선수의 사진을 수집하는 것과 같은 이유일 것이다. 마찬가지로 NFT 작품을 구입하는 사람들도 자신 혼자 즐기는 것보다는 가능한 많은 사람들에게 자기가 소유한 작품을 자랑하는 데에서 더 큰 기쁨을 느끼는 것일 수 있다. 또한 현실세계에서 유명한 누군가가 멤버로 있는 골프장 회원권을 비싼 값에 사는 것과 비슷한 이유일 것이다. 값비싼 골프장 회원권을 구입해서 유명한 그 누군가와 동질감을 느끼고 또 그것을 자랑하는 것처럼 디지털세계에서 NFT 회원권을 구입함으로써 비슷한 동질감과 자랑거리를 얻을 수 있을 것이다.

그래도 직접 현실 작품을 보고 즐기는 것이 좋지 않을까 하는 의견도 있을 수 있다. 마치 대부분의 사람들이 종이로 인쇄된 책을 구입해서 읽는 것을 좋아하는 것처럼 말이다. 그러나 점점 더 많은 사람들이 아마존의 킨들Kyndle과 같은 디지털 책을 구입하는 것과 마찬가지로 컴퓨터 화면에 비친 모습만으로도 충분히 작품의 아름다움을 느낄 수도 있지 않을까 싶다.

경제학에서 다이아몬드의 값이 비싼 이유는 다이아몬드의 내재적

가치 즉 활용가치가 높아서가 아니라 희소성이 높기 때문이라고 설명한다. 디지털 사진이 누구나 볼 수 있고 주인도 없다면 희소성은 제로이다. 그런데 NFT 기술로 누구나 볼 수 있더라도 특정 주인을 기록하는 순간 그 사진의 희소성은 무한대가 되는 것이다. 그렇다면 가격 또한 높아지는 게 경제학적으로도 설명이 가능하다.

그동안 온라인 게임에서 이용자들이 돈과 노력을 들여 아이템을 모으고, 캐릭터를 발진시켜도 해당 지적재산권IP은 게임사의 소유였다. NFT가 활성화되면 이용자는 자신의 콘텐츠에 대한 소유권을 주장할 수 있게 된다. 이 때문에 NFT는 메타버스, 즉 가상세계를 더욱 활성화시키는 역할을 할 것이다. 더 나아가 블록체인 기술을 기반으로 하는 NTF는 이제 인터넷 경제를 근본적으로 변화키는 Web 3.0 서비스의 핵심이 되고 있다.

Web 1.0은 데스크톱의 로컬 컴퓨팅 위주의 인터넷이었다. Web 2.0은 데스크톱에서 모바일 컴퓨팅으로, 로컬에서 클라우드 스토리지로 전환된 인터넷이었다. Web 3.0은 소수의 빅테크 기업의 플랫폼에 거래가 집중되는 것으로부터 분권화되는 인터넷이다. 이로써 테크 기업들의 권력을 사용자, 개발자, 소규모 회사로 이동시키고 있는 것이다. 페이스북이나 트위터와 같은 대규모 소셜 네트워크도 제작자와 수익을 공유하는 Web 3.0 기반 스타트업 기업과 경쟁해야 하는 상황이다.

디지털화폐와 통화정책

유발 하라리는 『사피엔스』에서 호모 사피엔스가 신화, 종교, 국가, 화폐와 같은 실재하지 않는 가상의 존재를 믿음으로써 서로 모르는 사람들이 협력하게 되었고 이것이 사피엔스가 다른 인류를 정복하고 오늘날까지 살아남게 하는 이유가 되었다고 주장한다.

인류는 농업혁명 이후 화폐를 이용해서 물건을 사고파는 경제 활동을 해왔다. 산업혁명 이후 얼마 전까지도 금이나 은처럼 자체적으로 가치를 갖는 것을 화폐로 사용했다. 이를 물품화폐라고 한다. 오늘날은 달러, 유로, 엔, 위안, 원과 같이 자체로는 거의 아무런 가치를 갖지 않는 지폐나 동전을 사용한다. 이를 법정화폐fiat money라고 하는데 말

그대로 정부의 법령에 의한 화폐라는 뜻이다. 법화가 실제 화폐로서의 기능을 하기 위해서는 사람들이 물건을 사고팔거나 물건의 가격을 매기거나 현재의 구매력을 미래로 이전할 때 정부가 발행한 법화의 가치를 믿고 사용해야 한다. 즉 화폐는 이러한 사회적 신뢰가 있을 때만 교환의 수단, 회계의 단위, 가치 저장의 수단 등 세 가지 기능을 할 수 있다.

중앙은행이 발행한 지폐나 동선의 총 가치를 본원통화라고 하는데 실제 사람들이 사용하는 통화 총량은 이보다 훨씬 많다. 대부분의 통화는 상업은행이 만들어내기 때문이다. 상업은행은 저축을 대출로 전환시키는 역할을 한다. 즉 사람들이 상업은행에 예금을 하게 되면 은행은 이중 일부만을 지급준비금으로 보유하고 나머지는 다른 사람들에게 대출을 해 준다. 예를 들어 지급준비율이 10%라고 하면 100달러의 예금에 대해서 10%인 10달러만 은행 금고에 보유하고 나머지 90달러는 대출을 해 준다. 그럼 이 은행으로부터 90달러를 대출받은 사람은 그 돈으로 물건을 구입하고, 물건을 판 사람은 그 돈을 또다른 은행에 예금한다고 하자. 그럼 이 은행은 다시 90달러의 10%인 9달러만 보유하고 나머지 81달러는 대출하게 된다. 대출된 81달러는 궁극적으로 또 다른 은행에 예금되고 이 은행도 10%인 8.1달러만 보유하고 나머지 72.9달러는 대출하게 된다. 이런 일련의 대출이 계속되면 시중에는 100달러가 아니라 1,000달러(=100+90+81+72.9+…)가 유통되는 것이다.

이처럼 통화의 대부분은 중앙은행보다는 상업은행이 만들어낸다. 다만 중앙은행이 지급준비율을 조정함으로써 상업은행의 통화 창출 능력을 제한한다. 중앙은행은 법정 지급준비율을 조정하는 것뿐만 아니라 공개시장 조작을 통해서 상업은행의 대출 규모를 조정한다. 즉 중앙은행은 국채 및 기타 유가증권 매매를 통해 금융기관과 민간의 유동성을 변동시킬 수 있는 것이다. 예를 들어 중앙은행이 공개시장에서 민간으로부터 국채를 매입하면 통화량이 증가하고 민간에게 국채를 매각하면 통화량이 감소한다. 중앙은행은 일반 은행에 대해 부과하는 재할인율을 변경시켜 시중 금융기관과 민간의 유동성을 조정할 수도 있다. 여기에서 재할인율이란 시중 금융기관이 기업에 할인해 준 어음을 중앙은행이 다시 할인해서 구입할 때 적용하는 금리이다. 중앙은행이 재할인 금리를 높이면 금융기관은 중앙은행으로부터의 차입 규모가 줄어들어 시중에 공급할 수 있는 자금 규모가 줄어들면서 통화량이 감소한다.

대부분의 선진국에서 현금은 거의 사용하지 않는다. 대신 직불카드, 신용카드와 함께 스마트폰 앱을 이용한 온라인 송금이 거래의 수단이 되고 있다. 그러나 직불카드, 신용카드, 온라인 송금도 현금과 마찬가지로 중앙은행이 발행한 법정화폐에 기반을 둔다. 중앙은행이 발행한 화폐를 특정 상업은행에 예금한 다음 이를 온라인 방식으로 거래할 뿐이다. 화폐는 중앙은행이 발행하였으며 상업은행이 중개자로서의 역할을 한다는 것이다.

2008년 미국에서 시작된 글로벌 금융위기에 연준이 대규모 양적완화정책으로 대응하자 이에 반발한 나카모도 사토시는 블록체인을 이용한 탈중앙화된 화폐 '비트코인'을 만들었고 이후 이더리움을 비롯한 많은 암호화폐가 등장했다. 사람들이 암호화폐를 사용하기 시작하면 시장에서 유통되는 통화의 공급량에 영향을 미쳐 중앙은행의 통화정책의 효과가 확실히 약화될 수밖에 없다. 뿐만 아니라 법정통화에 대한 수요에도 영향을 미치기 때문에 결국 법정화폐의 가격인 시상이자율에도 영향을 미치게 된다.

따라서 대부분의 중앙은행이나 정부는 암호화폐에 대해 부정적인 시각을 가질 수밖에 없다. 예외로 엘살바도르와 같은 나라들이 비트코인을 법정화폐로 사용하기 시작했지만 말이다. 암호화폐는 내재가치가 없는 명목 상품으로 가격이 발행 당사자에 의해 보장될 수 없다. 그렇기 때문에 펀더멘털이 없는 투기적 고위험 계약에 불과하다는 것이고 가격이 크게 변동한다는 것이다. 스테이블 코인은 달러와 가격을 연동해서 가격 변동 위험을 회피하려 하지만 여전히 내재가치가 없고 발행 당사자가 가치를 보장하지 않는다. 따라서 암호화폐는 지불 수단, 가치 저장 수단, 회계의 단위와 같은 화폐의 기능을 수행하는 데 적합하지 않다는 것이다. 따라서 대부분의 중앙은행과 정부, 그리고 많은 경제학자들도 암호화폐 대신 암호자산crypto-asset 또는 디지털자산digital asset이라는 이름으로 부르기를 선호한다.

대부분의 암호화폐 가격이 2021년 급격히 상승한 이후 2022년 상반기에 폭락한 것처럼 적정가치에 대한 시장의 합의가 이루어지기까지 당분간 급격한 가격 변동이 있을 것이다. 때문에 암호화폐가 글로벌 금융 안정성에 대한 위험을 초래할 수도 있다.[8] 게다가 전기를 많이 소모하는 암호화폐 채굴도 기후 변화에 악영향을 미칠 수 있을 수 있고 범죄 및 테러 활동에 사용되거나 탈세 수단으로 사용될 수 있다. 암호화폐는 또한 불량국가들에게도 경제 제재를 피할 수 있는 수단이 되고 있다는 지적도 있다.

그러나 이미 테슬라 전기자동차는 암호화폐인 비트코인으로 구매할 수 있고, 비트코인, 이더리움과 같은 암호화폐를 거래하는 코인베이스Coinbase가 뉴욕증권거래소에 2021년 4월 상장되었다. 이와 함께 페이스북이나 구글과 같은 플랫폼 기업들은 핀테크에 막대한 투자를 하며 점점 다양한 금융 상품을 제공하고자 노력 중이다. 이러한 기업들이 제공하는 금융 거래는 이들 기업이 중개기관이 되는 형태이다.

페이스북은 2019년 6월 미 달러(50%), 유로(18%), 일본 엔(14%), 영국 파운드(11%), 싱가포르 달러(7%)의 통화 바스켓과 연계된 자체의 블록체인 기반 스테이블 코인 리브라Libra를 만들어 20억 명 이상의 사용자들이 사용할 수 있도록 하겠다는 계획을 발표했다. 그러나 이러한 계획은 미국과 유럽연합을 비롯한 여러 나라들의 정부 규제 기관과 일반 대중 사이에서 통화 주권, 재정 안정성, 개인 정보 보호 및 독점 금지 문제에 대한 반발을 불러일으켰다. 페이스북은 2020년 12월 리브라의 이름을 디엠Diem으로 변경하고 여러 통화 대신 미국 달러와 연계된 스테이블코인으로 만들겠다는 계획을 발표했지만 계속된 반발로 결국 2022년 1월 프로젝트를 중단했다. 그럼에도 불구하고 기업들이 자체의 결제 수단을 가지려는 노력은 계속될 것이다.

중앙은행의 부정적인 시각에도 불구하고 블록체인 기술을 이용한 암호화폐가 금융의 중심 무대를 차지하는 날이 멀지 않았다. 암호화폐를 막기는 너무 늦었기 때문이다. 이제 전 세계 대부분의 중앙은행들은 자체의 디지털화폐인 중앙은행디지털화폐CBDC: Central Bank Digital Currency 도입을 고려하고 있다. CBDC는 전자 형식으로 제공하는 법정화폐의 한 형태이다. 가계, 기업, 상점 등 어디서든 거래 대금의 지불수단으로 사용될 수 있다. 온라인뿐만 아니라 오프라인에서도 현재의 현금인 종이 지폐와 동일한 서비스를 제공할 것이다. 더욱이 사용하기 쉽고 분실 위험도 없는 안전한 지불수단이 될 것이다. 그리고 개인이 발행한 암호화폐와 달리 CBDC는 중앙은행의 책임으로 발행하여 국가가 보장하는 것이므로, 지금의 법정화폐인 지폐와 마찬가지로 신용 위험이나 유동성 위험이 없다.

각국 중앙은행은 통화주권을 지키기 위해 어쩔 수 없이 CBDC를 발행해야 할 것이다. 암호화폐가 아니더라도 사람들은 이미 디지털 기기를 사용해서 결제하는 것이 대세이다. 게다가 오프라인 쇼핑에서 온라인 쇼핑으로 빠르게 옮겨가고 있다. 현금의 지불 수단으로서의 기능이 줄어들었다.

국제결제은행BIS의 조사에 의하면 2021년 1월 기준 세계 중앙은행의 86%가 CBDC를 연구하고 있다.[9] 바하마Baham를 비롯한 여러 국가들은 이미 CBDC를 발행했다. 주요 국가 중에는 중국이 디지털화폐 경쟁에서 가장 앞서고 있는 중이다. 중국 중앙은행인 인민은행은 CBDC를 이미 시험적으로 통용시키고 있다. 인민은행이 2021년 7월 발표한 보고서에 따르면 디지털 위안화를 담기 위해 이미 2100만 개의 디지털 지갑이 생성됐으며 약 7,000만 건의 거래가 수행됐다. 또한 2022년 2월 베이징에서 개최된 동계올림픽 중에도 사용되었다.

전 세계 결제의 약 60%는 미국 달러로 이루어진다. 따라서 미국이 중국을 달러결제시스템에서 퇴출시키면 중국은 당장 원유를 비롯한 원자재를 사올 수 없다. 중국이 CBDC 경쟁에서 앞서려고 하는 이유다. 두 번째 이유는 알리바바와 텐센트와 같은 중국의 대형 테크 기업들이 알리페이와 위챗페이 같은 온라인 결제 시스템을 확산시키면서 정부의 금융시장에 대한 통제력을 잃을 수 있다는 위기감 때문이다. 세 번째는 디지털 통화를 발행하면 현재 진행 중인 모든 유형의 거래를 완벽하게 볼 수 있다는 것이다. 사회주의 국가인 중국 정부로서는 사회를 보다 완벽하게 통제하는 데 CBDC가 매우 유용한 수단이다.

사회주의 국가인 중국뿐만 아니라 자본주의 국가인 미국과 같은 나라들에게도 CBDC는 여러 가지 이점이 있다. 2008년의 금융 위기가 시작되자 경기가 최악의 상태로 가는 것을 막기 위해 미국 연방준비제도(이하 '연준')는 기준금리를 0%까지 낮췄다. 2020년 팬데믹이 시작될 때도 연준은 기준금리를 0%까지 낮췄다. 그럼에도 불구하고 공포에 질린 소비자들은 소비를 늘리려 하지 않았다. 부도 위기에 몰린 기업들도 새로운 투자를 할 엄두도 내지 못했다. 이른바 유동성 함정에 빠진 것이다.

그런데 중앙은행이 CBDC를 발행하면 마이너스 금리를 구현할 수도 있다. 개인이 갖고 있는 CBDC는 중앙은행에 디지털 신호로만 보관하게 된다. 따라서 시간이 지남에 따라 중앙은행에 보관된 예치금 규모가 줄어든다면 이는 개인이 상업은행에 예금할 때 이자를 받는 것과 정반대의 상황이 된다. 즉 마이너스 금리 상태가 되는 것이다. 시간이 지남에 따라 예금액이 감가상각되기 때문에 사람들은 가능한 빨리 그 돈을 쓰려고 할 것이고 따라서 총수요가 증가하게 될 것이다. 즉 중앙은행이 CBDC를 발행하면 유동성 함정에 빠지는 문제도 해결할 수 있어서 매우 강력한 통화정책을 쓸 수 있게 되는 것이다.

한편, 핀테크 회사들이 블록체인 기술을 응용한 다양한 디지털화폐를 통용시키고 중앙은행마저 CBDC를 발행하게 되면 일반 상업은행들은 그 존재 이유를 위협받게 된다. 사실 현재의 상업은행들은 산업화시대 최대의 수혜자였다고 해도 과언이 아니다. 제조 기업들이 힘들게 벌어들인 수익금이나 노동자들이 땀 흘려 벌어들인 임금은 대부분 상업은행의 계좌로 넘어갔고 상업은행은 이 돈을 또 다른 기업들과 개인들에게 빌려 주면서 수익을 챙겼다. 상업은행들은 중개자로서 그야말로 '돈 놓고 돈 먹는' 쉽고 안전한 비즈니스를 해 온 것이다.

그런데 블록체인 기술을 이용해 중개은행이 필요 없어지고 중앙은행마저 CBDC를 발행해서 개인들이 상업은행 아닌 중앙은행 계좌에 직접 예금하고 인출하도록 하면 상업은행은 존재할 이유가 없어질 수도 있다.

2

지속가능한 뉴 이코노믹스

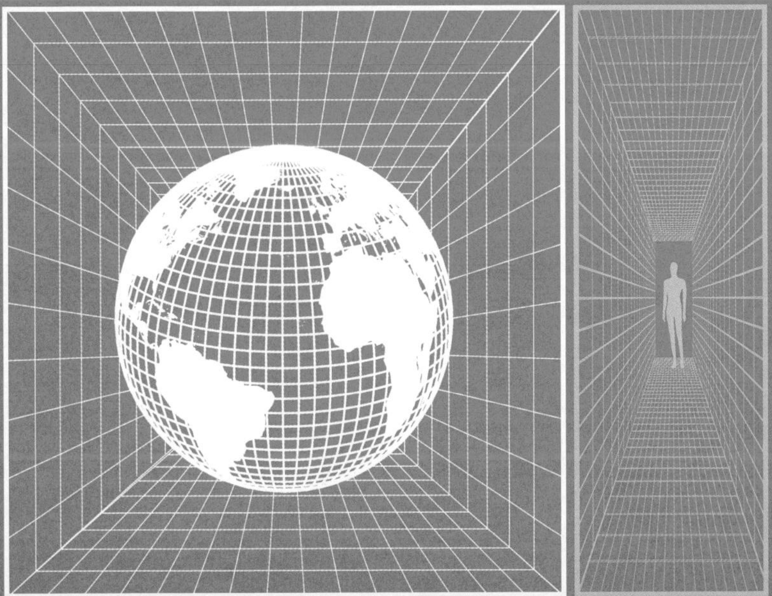

분배와 성장의 애증관계

알프레드 마샬Alfred Marshall과 같은 고전학파 경제학자들은 경제가 성장하면서 사람들의 소득이 수렴된다는 주장을 내놓았다. 반면 칼 마르크스Karl Marx는 자본가는 더 부자가 되지만 노동자는 계속 가난해지면서 소득 격차가 더 심해질 것이라고 주장했다. 이 논쟁은 사이먼 쿠즈네츠Simon Kuznets가 미국, 영국, 독일의 장기적인 소득 추세를 분석한 후 세 나라에서 모두 세전 소득을 기준으로 측정한 불평등이 1920년대 이후 감소했다는 결과를 내놓음으로써 종지부를 찍는 듯했다.[10] 쿠즈네츠의 주장은 경제 발전 초기에는 경제가 성장하면서 소득불평등 정도가 증가하다가 점차 그 속도가 정체하고 마침내는 감소한다는 것이다. 쿠즈네츠는 그 나름의 이유를 설명했다. 경제 발전 초기 단계에는 소득은 낮지만 불평등도도 상대적으로 낮은 농촌에서 높은 임금을 받을 수 있는 도시로 인구가 유입된다. 그런데 도시에서의 노동자 임금은 소득은 높지만 불평등도도 높다. 이 때문에 산업화가 진행될수록 불평등도가 심화된다고 설명했다. 하지만 산업화가 일정한 수준에 도달하면 도시에서 높은 임금을 받는 노동자 수도 충분히 늘어나고 이들이 임금인상을 요구하면서 불평등도가 줄어든다는 것이다.

쿠즈네츠의 거꾸로 된 U자 곡선은 성장과 분배의 문제에 있어서 성장이 우선임을 명시적으로 보임으로써 산업사회의 경제학에서 매우 중요한 자리를 차지했다(그림 2-1). 쿠즈네츠는 노벨 경제학상을 수상

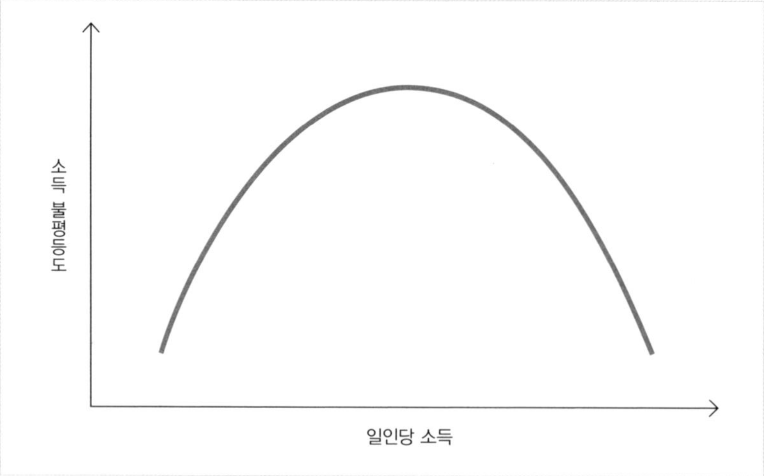

그림 2-1 쿠즈네츠 곡선

했고 세계은행과 같은 국제기구들과 주류경제학자들은 이 곡선을 하나의 경제 법칙으로 간주했다. 이를 따라 거의 모든 나라들이 농촌사회에서 산업사회로 이동하면서 경제 성장을 분배보다 우선시했다.

그런데 모든 나라들이 산업화를 하면서 쿠즈네츠 곡선을 보인 것은 아니다. 일본을 선도로 한국, 대만, 홍콩, 싱가포르의 네 마리 호랑이가 보여준 '동아시아의 기적'은 빠른 경제 성장과 함께 불평등도가 감소했기 때문에 붙여진 이름이었다. 이들에 이어 뒤늦게 산업화를 시작한 말레이시아, 인도네시아와 같은 동아시아 국가들도 비슷한 패턴을 보였다. 이들 국가들은 산업화 초기에 빠른 경제 성장을 하면서도 소득불평등도를 감소하는 '기적'을 보인 것이다. 이에 대한 여러 가지 연구들이 있지만 산업화 초기 농지개혁을 함과 동시에 높은 수준의 교육이 중요한 이유였다.

그러나 1980년대 이후 다수의 선진국들에서 소득 불평등도가 점차 심해져 왔다. 선진국뿐만 아니었다. 뒤늦게 산업화를 시작한 중국과 인도, 그리고 한국과 같은 동아시아의 기적을 만들었던 국가들에서도 비슷한 현상이 나타났다. (이는 제1부에서 네 가지 뉴노멀 중 '설국열차'라는 제목으로 제시한 세 번째 뉴노멀에서 확인할 수 있었다.)

토마스 피케티Thomas Piketty는 자본에 돌아오는 수익이 전체 경제보다 빨리 증가해서 부가 계속 집중되어 왔기 때문에 이러한 불평등도가 위험한 정도까지 심화되었다고 주장한다.[11] 피케티는 쿠즈네츠 곡선이 나타났던 이유는 당시 두 차례의 세계대전과 대공황으로 자본이

고갈된 데다가 전후 교육, 의료, 사회 보장, 누진적 조세 등의 정책이 결합되었기 때문이라고 설명한다.

경제 성장과 불평등과의 관계에 있어서 경제 성장 자체가 불평등을 개선하거나 악화시키는 원인은 아니라는 데에는 이제 국제기구나 경제학자들이 대체로 동의하는 편이다. 국제통화기금IMF 경제학자들의 실증 연구에서는 경제적 불평등이 심해질수록 경제 성장은 위축된다는 역사적 경험을 확인했다.[12] 이 연구는 불평등이 건강 및 교육 발전을 저해하고 투자를 줄이는 한편, 정치적, 경제적 불안정을 야기하며 충격에 직면했을 때 조정하는 데 필요한 사회적 합의를 어렵게 한다는 것이다. 또 다른 연구도 소득 불평등이 경제 성장에 부정적인 영향을 미친다는 것을 세계 여러 나라들의 패널 자료를 이용하여 확인하고 있다.[13] 그 이유는 불평등한 사회일수록 인구의 교육 수준이 낮고, 출산율이 높으며, 투자가 많지 않은 경향이 있기 때문이다. 따라서 개발도상국에서는 소득 재분배가 성장을 촉진할 수도 있음을 보인다.

역사적 사례를 보더라도 불평등이 경제 성장을 저해하고, 심하면 경제 자체를 붕괴시킨다. 20세기 초 부당한 노동 착취와 부의 불평등한 분배에 저항하는 사회주의혁명으로 러시아 제국이 몰락했다. 세계적으로 가장 권위 있다는 미국경제학회지American Economic Review에서 출판된 국제통화기금IMF의 경제학자들인 마이클 쿰호프와 로메인 란시에르의 연구에 따르면 1929년 시작된 대공황과 2008년의 글로벌 금융위기의 근본 원인은 위기가 발발하기 전의 경제적 불평등이다.[14] 즉 두 위기 모두 발발하기 전 십여 년 동안 소득과 부의 불평등이 급격히 증가했고 중하위 소득 가구의 소득 대비 부채 비율이 급격히 증가했다. 어느 시점에 가서 소득 대비 부채 비율이 지속 불가능하다고 인식되기 시작했고, 이것이 위기의 방아쇠가 되었다는 것이다.

자본주의 역사상 가장 큰 경제 위기였던 이 두 가지 위기를 좀 더 살펴보자. 첫 번째는 1929년 미국에서 시작해서 당시 선진국이었던 미국과 유럽 전역을 휩쓸었던 대공황이다. 미국의 산업생산은 거의 절반으로 줄어들었고 실질 GDP는 30% 이상 감소했다. 그리고 실업률은 20%까지 치솟았다. 다양한 원인이 제시되었지만 근본적으로는 공급에 비해 부족한 수요였다. 제1차 세계대전 이후 많은 기업들은 대량생산 시스템을 도입했다. 이를 위해 많은 투자가 이루어지고 생산도 크게 증가했다. 기업들의 이익은 증가하고 주식시장은 최대 호황이었다. 주식 가격은 1921년 이후 1929년 대공황이 발발하기 전까지 4배 올랐다. 길거리의 구두닦이도 주식 가격을 묻던 시절이었다. 부동산 가격도 천정부지로 뛰어 올랐다. 부동산 가격이 오르자 건설 경기도 호황을 누렸고 주택공급이 수요를 초과하기 시작했다. 주식시장과 부동산시장이 모두 버블 상태가 된 것이다.

그러나 대량생산 시스템에 밀려난 노동자들의 실질소득은 지속적으로 감소했고 기업들이 만들어낸 물건이 재고로 쌓이기 시작했다. 그런 와중이던 1928년 초부터 미국 중앙은행인 연방준비제도(이하 '연준')가 투기를 막을 목적으로 재할인율을 인상하며 돈줄을 죄자 시장금리가 오르기 시작했다. 높은 금리는 건설업과 같은 금리 민감 업종을 시작으로 전 업종에 충격을 주기 시작했다. 마침내 1929년 10월 24일 검은 목요일Black Thursday 패닉에 빠진 투자자들이 주식을 내던지기 시작했고 주가는 9월 최고가에 비해 11월까지 무려 33%가 빠졌다. 이처럼 1929년 대공황은 연준의 긴축적인 통화정책이 직접적인 계기가 되었지만 근본적으로는 자본소득에 비해 노동자들의 실질소득이 지속적으로 감소하면서 유효수요가 공급에 비해서 적었기 때문이다.

이러한 상황은 2007년 시작된 글로벌 금융위기 때도 비슷하다. 1990년대 초반 WWW가 등장하면서 인터넷 사용이 급증하고 IT 스타트업 기업들 우후죽순 등장했다. 이들 기업들은 아직 검증된 기술을 갖고 있지 않아도 닷컴이라는 이름만 들어가면 투자자가 몰리고 주식시장에 상장하기만 하면 주가는 급상승했다. 1995년 1000 정도 수준이던 나스닥Nasdaq 주가지수는 2000년 3월에 5000에 달한다. 불과 5년 만에 5배(400%) 급등한 것이다. 당시 알랜 그린스펀Alen Greenspan이 의장으로 있던 연준이 1995년 초 6.0%였던 기준금리를 1998년 말 4.75%까지 떨어뜨리며 유동성을 공급한 것도 불에 기름을 부운 격이었다. 그러나 연준이 4.75%였던 기준금리를 1999년 6월부터 2000년 5월 6.5%까지 단계적으로 올리면서 닷컴 기업들에 대한 투자 심리를 위축시켰다. 마침내 2000년 3월 이후 급락하기 시작해서 2002년 10월 1000 근처까지 무려 78% 하락했다.

2000년 닷컴 버블이 꺼지면서 주식 가격이 폭락하고 경제가 위태로운 지경에 이르자 연준은 다시 확장적 통화정책으로 선회한다. 연준은 2001년 1월 기준금리를 6.0%로 낮추는 것을 시작으로 무려 11차례에 걸쳐 기준금리를 단계적으로 낮춰 12월에는 1.75%까지 낮춘다. 다음 해인 2002년과 2003년에도 한 차례씩 낮춰 기준금리는 1.0%까지 낮아진다. 유동성이 시중에 넘치자 다시 주식시장과 부동산시장은 과열되기 시작했다. 특히 소득이 적은 많은 사람들은 레버리지를 이용해서 부동산시장에 뛰어들었다. 그 결과 GDP 대비 주택 모기지 부채는 1990년대 평균 46%에서 2008년 73%로 증가했다. 연준이 2004년 6월부터 다시 기준금리를 조금씩 올리기 시작해서 2006년 6월 5.25%까지 올리자 주택가격이 하락하고 담보대출로 집을 샀던 많은 사람들, 특히 서브프라임sub-prime 신용등급의 사람들이 채무불이행 상태가 되었다. 당시 많은 금융기관들은 모기지 담보부 증권MBS과 함께 위험을 분산하기 위한 신용파생상품을 발행해서 미국뿐만 아니라 전 세계 금융기관들에게 판매한 상태여서 서브프라임 모기지 채무불이행 사태는 급기야 전 세계 금융기관으로 번져 나갔다. 2007년 시작된 부동산 가격 폭락은 2008년과 2009년 초 주식 가격의 폭락으로 이어졌다. 실업률은 2009년 11%까지 높아졌다. 세계 최대 소비시장인 미국경제가 나락으로 빠지면서 금융 위기는 전 세계로 퍼져 나갔다.

앞서 언급한 IMF의 쿰호프 박사와 란시에르 박사의 분석에 따르면 세계대공황과 글로벌 금융위기가 발생하기 전에 부자들의 소득 몫이

상대적으로 크게 증가하는 소득 불균형이 심화되었다는 것이다. 그 결과 나머지 계층에 대한 대출이 크게 증가했고 이것이 궁극적으로 금융 위기와 실물 위기를 가져왔다는 것이다. 이렇듯 경제적 불평등이 심해지면 경제 성장 자체를 둔화시킬 뿐만 아니라 심할 경우에는 세계대공황이나 글로벌 금융위기와 같은 파괴적인 결과가 뒤따른다.

2020년 초 세계로 확산된 코로나 팬데믹은 또다시 경제적 불평등을 심화시키는 결과를 가져왔다. 코로나 팬데믹과 함께 세계 대부분의 나라들은 경제 봉쇄와 사회적 거리두기 조치를 내렸다. 회사들은 온라인 근무로 전환했고 학교들도 온라인 교육으로 전환했다. 그러나 온라인 근무가 가능한 일자리는 소위 화이트칼라들의 것이다. 저소득층의 일용직 노동자들은 일자리를 잃어버릴 수밖에 없었다. 소규모 음식점이나 판매점들은 초대형 온라인 배송 업체들에게 밀려나게 되었다. 더욱이 코로나 팬데믹으로 디지털테크 기업들에 대한 사회적 관심과 수요가 높아지면서 이러한 회사들의 직원들과 주주들은 팬데믹의 최대 수혜자가 되었다.

2020년 초 코로나 팬데믹으로 경제 봉쇄가 실시되자 세계 각국의 중앙은행들은 경제에 주는 충격을 완화시키기 위해 기준금리를 대폭 낮추었다. 연준은 1.75%였던 기준금리를 0.25%까지 낮추었다. 그리고 2007~2009년의 글로벌 금융위기 당시보다 3배나 많은 막대한 양적 완화를 실시했다. 동시에 미 정부는 막대한 재정지출을 감행했다. 이로써 2020년 GDP 성장률은 －3.4%, 실업률은 6.7%로 선방했다. 그리고 막대한 유동성에도 불구하고 경제 봉쇄 조치로 소비자 물가상승률 1.4%에 그쳤다. 그러나 자산 인플레이션은 피할 수 없었다. 풀린 유동성은 주식시장과 부동산시장으로 흘러들어 가서 주식 가격과 부동산 가격은 가히 폭등하는 수준으로 올랐다. 결국 주식과 부동산을 많이 갖고 있는 부자들만 더욱 부자가 되는 결과를 가져왔다.

1929년 세계대공황이나 2008년 글로벌 금융위기의 근본 원인이 심화된 소득 양극화와 이에 따른 저소득층의 부채의 증가였는데 이와 비슷한 상황이 전개되었다. 세계 각국의 통화 팽창과 재정 확대로 주식과 부동산 가격이 폭등하자 중산층과 저소득층까지 주식과 부동산 투자에 뛰어들었다. 비트코인이나 이더리움과 같은 암호화폐에도 돈이 몰렸다. 중산층과 저소득층은 세계대공황과 글로벌 금융위기 때처럼 돈을 빌려 투자했다. 한국에서는 젊은이들이 영혼까지 끌어 모아 투자한다는 '영끌'이라는 말이 나왔다.

세계대공황이나 글로벌 금융위기는 중앙은행이 풀었던 돈을 죄면서 시작했다. 이번에도 마찬가지다. 2021년 초부터 코로나 백신과 치료제가 보급되자 경제 봉쇄 조치가 완화되고 사람들의 경제 활동이 증가하자 수요가 증가하면서 물가가 상승하기 시작했다. 2022년 초 러시아가 우크라이나를 침공 후 에너지 가격을 비롯한 원자재와 농산물 가격이 폭등하면서 물가는 더욱 빠르게 상승하기 시작했다. 예를 들어 미국 소비자물가지수CPI는 2021년 2월까지만 해도 전년 동기 대비 2%에 못 미쳤으나 3월부터 빠르게 오르기 시작해서 10월 전년 동기 대비로는 30년 만에 최고치인 6.2% 상승했다. 이후에도 지속적으로 상승해서 12월에는 7%, 2022년 3월에는 8.5%, 4월에는 8.3%, 5월에는 8.6%를 기록했다. 이러한 물가 상승률은 1980년대 이후 최고치이다.

이제 연준을 비롯해서 유럽중앙은행ECB 등 선진국들의 중앙은행들은 그동안 풀었던 돈을 거둬들여 물가를 잡아야 하는 상황에 처한 것이다. 연준은 기준금리를 2022년 4월 0.25%포인트, 5월 0.5%포인트에 이어 6월에는 0.75%포인트를 올렸다. 그리고 그동안 사들였던 장기국채와 모기지 담보부 증권MBS을 매각하는 양적긴축QT을 시작했다. 시장금리가 뛰면서 주식, 코인, 부동산에 끼었던 거품이 꺼질 수밖에 없다. 결국 영끌 투자를 한 저소득층들이 가장 큰 피해를 입을 것이다. 1929년 세계대공황과 2008년 글로벌 금융위기 때처럼 말이다.

환경과 성장의 애증관계

성장과 환경의 상관성 또는 인과성에 관련한 연구는 그동안 여러 경제학자들에 의해서 이루어져 왔다. 참고로 상관성이란 두 변수의 단순한 연관성을 의미하는 것이고 인과성이란 두 변수 중 한 변수가 또 다른 변수에 영향을 주는 관계이다. 그런데 일반인뿐만 아니라 언론이나 정책 담당자들도 이 두 개의 개념을 혼동하거나 일부러 같은 의미로 해석하는 경우가 매우 많다.

성장과 환경에 관련한 대표적인 연구로 진 그로스만과 알랜 크루거의 연구가 있다.[15] 이들은 1990년대 약 40여 개국의 일인당 GDP 추이와 이들 국가의 공기오염과 수질오염 데이터를 분석했는데 일인당

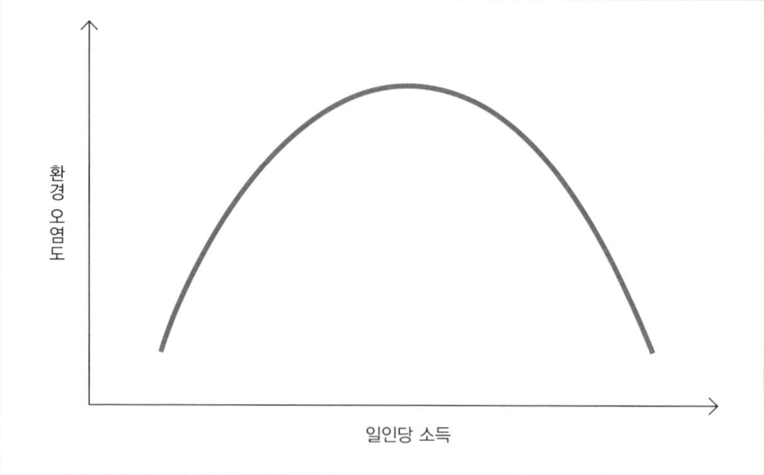

그림 2-2 **환경의 쿠즈네츠 곡선**

GDP가 증가하면서 처음에는 오염도가 증가하다가 어느 시점 이후에는 감소하는 패턴을 발견했다. 이 패턴은 앞서 본 성장과 불평등도의 관계를 나타내는 쿠즈네츠 곡선과 매우 닮아 환경의 쿠즈네츠 곡선이라는 이름을 얻었다(그림 2-2).

그로스만과 크루거는 자신들의 연구가 특정 지역의 공기와 수질오염만을 대상으로 한 것이기 때문에 전 세계의 온실가스 배출, 생물 다양성 손실, 토질 악화, 산림 소멸 등에 대해서 일반화할 수 없다는 단서를 달았다. 또한 자신들의 연구는 경제 성장과 오염과의 상관관계를 보여주는 것이지 성장이 오염을 줄여 준다는 인과관계를 나타내는 것이 아니라고 부연했다. 그럼에도 불구하고 많은 경제학자들과 언론, 그리고 정책 담당자들은 경제 성장이 궁극적으로 환경 문제를 해결해 줄 것으로 믿게 되었다.

경제 성장으로 소득이 증가하면 환경이 개선될 수 있다는 논리도 제시되었다. 첫째, 사람들이 환경에 대한 관심이 많아지고 그 가치를 높게 여기게 되어 환경에 대한 높은 기준을 요구하게 될 것이라는 것이다. 둘째, 산업체들의 기술 수준이 높아져 더 깨끗한 생산 방법을 사용한다는 것이다. 셋째, 산업 구조가 제조업에서 보다 환경친화적인 서비스업으로 이동하기 때문이다. 이러한 논리는 일인당 GDP와 환경과의 관계를 설명하는 것으로 특정 분야에는 어느 정도 맞을 수 있다.

그러나 경제 성장은 일인당 GDP를 증가시키는 동시에 GDP, 즉 경제의 총규모를 증가시킨다. 경제 성장으로 생산과 소비의 총 규모가 증가하면 공기와 수질오염 물질 총량도 증가할 가능성이 크다. 온실가스 배출 총량, 생물 다양성 손실 총량, 산림 소멸 총량도 마찬가지다. 산업혁명 이후 인류역사상 가장 빠른 경제 성장과 함께 이산화탄소 배출 총량도 빠르게 증가했다. 특히 20세기 중반 이후에는 이산화탄소 배출량이 기하급수적으로 증가해 왔다. 그 결과 IPCC 제6차 평가보고서AR6에 따르면 지난 10년 동안 인류 역사상 가장 큰 폭의 배출량 증가를 기록했다. 이 때문에 발생하고 있는 기후 변화는 세계은행의 선임 경제학자였던 니콜라스 스턴이 일찍부터 지적한 것처럼 세계에서 가장 큰 시장 실패의 결과가 되고 있다.[16]

일부 지역과 국가는 감소를 보이고 있기도 하다. 유럽연합EU의 이산화탄소 배출량은 1979년 41억 톤을 기록한 이후 점진적으로 감소해 왔다. 미국은 2007년 61톤을 기록한 이후 감소하고 있으며 일본 역시 2012년 13톤을 기록한 이후 감소해 왔다(그림 2-3). 이산화탄소 배출 총량이 세계에서 차지하는 비중으로 볼 때 미국 2위, EU 3위, 일본 6위를 기록 중인데 이들 국가들의 배출량 감소는 다행스럽다. 그러나 이들 국가들의 배출량 규모가 워낙 커서 점진적인 감소로는 기후 온난화를 피하기 어렵다. 더욱이 2007년 이후 세계 1위와 4위의 이산화탄소 배출국을 기록 중인 중국과 인도의 배출 총량은 감소할 기미

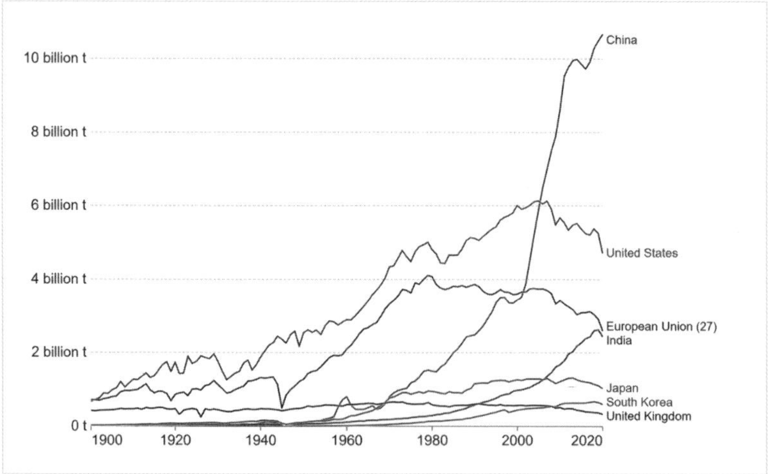

그림 2-3 주요 국가별 이산화탄소 배출량 추이, 1900~2020.

출처: Our World in Data (https://ourworldindata.org/co2-emissions)

는커녕 경제 성장과 함께 매우 빠르게 증가하고 있다. 이들 국가들이 유럽연합, 미국, 일본과 같은 경로를 따른다면 언젠가는 감소할 수도 있겠지만 한가롭게 기다릴 수 없는 상황이다. 기후 위기는 이미 시작되었기 때문이다.

경제 성장이 환경에 어떤 영향을 미칠지에 대해서는 좀 더 세부적인 경로를 살펴 볼 필요가 있다. 경제 활동은 크게 생산과 소비로 나뉜다(그림 2-4). 생산은 노동, 토지, 자본과 같은 생산요소를 투입해서 이루어진다. 디지털혁명이 진행되면서 AI로봇이 새로운 생산요소로 추가되고 있다고 설명했다. 생산요소는 저절로 생산물로 바뀌는 것이 아니라 기술이 있어야 된다. 기술의 종류와 수준에 따라 똑같은 생산요소를 가지고 생산한 상품의 종류와 양이 달라진다. 그런데 생산 과정에서 상품만 생산되는 것이 아니라 폐기물과 공해물질이 나온다.

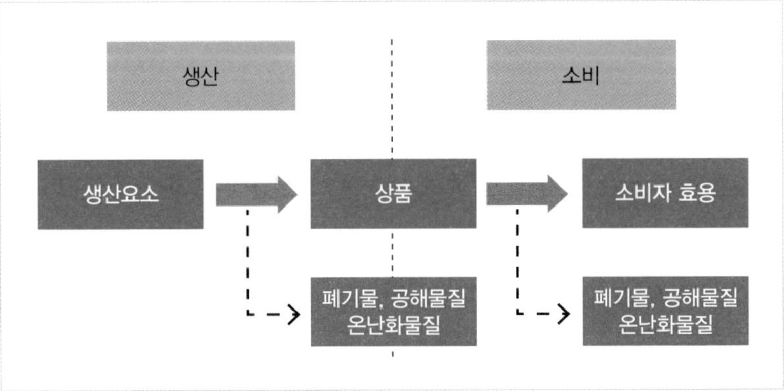

그림 2-4 **생산과 소비의 흐름**

지구온난화의 주 원인이 되는 이산화탄소, 매탄, 이산화질소도 이 과정에서 나온다.

주류 경제학에서는 주로 생산요소와 기술을 투입해서 상품을 생산함에 있어서 어떻게 효율적으로 생산해서 이윤을 극대화할지에 초점을 맞춘다. 생산 과정에서 나온 폐기물, 공해물질, 온난화물질과 같은 부산물들은 효율성과 이윤극대화에서 고려대상이 아니다. 당연히 기업들이 생산한 상품의 가격에 부산물이 초래하는 사회적 비용은 포함되지 않는다. 그러나 생산 과정에서 나오는 부산물이 강물을 오염시키고 공기를 오염시키고, 지구의 지표면 온도를 높이게 되면 이는 분명 공장이 있는 지역과 국가뿐만 아니라 지구 시스템 전체에 환경 부하environmental pressure를 높여서 인간의 건강뿐만 아니라 지구 자체를 위협하고 이는 기후 재난을 초래할 수 있다. 이를 경제적 외부성이라고 한다. 이러한 경제적 외부성이 기업의 이윤극대화와 상품의 시장가격에 제대로 반영되지 않기 때문에(경제학 용어로 내재화되지 않기 때문에) 자본주의 시장경제가 오늘날 우리가 겪고 있는 환경 재난의 주범으로 몰리는 것이다.

생산된 상품은 시장을 통해 소비자에게 분배된다. 소비자는 생활에 꼭 필요한 상품(필수재)뿐만 아니라 과시하기 위한 상품(사치재)도 소비한다. 경제학은 주어진 소득을 어떻게 여러 종류의 상품의 소비에 배분할 때 소비자의 효용이 극대화되는지에 초점을 맞춘다. 여기서 효용은 소비자 행복의 정도를 의미한다. 상품을 소비함에 있어서도 상품을 생산할 때와 마찬가지로 폐기물, 공해물질, 지구온난화 물질이 배출된다. 주류 경제학에서는 소비자의 효용극대화에 있어서 소비 과정에서 나오는 폐기물, 공해물질, 온난화물질은 효용 극대화에서 고려 대상이 아니다. 따라서 생산 과정에서의 경제적 외부성과 마찬가지로 소비 과정에서의 경제적 외부성이 개인의 만족을 극대화하는 데 아무런 영향을 미치지 않는다고 가르친다. 때문에 대량소비만이 인간을 행복하게 한다는 믿음을 갖게 된다. 이러한 믿음 때문에 인간은 결국 대량소비를 위해 자원을 고갈시키고 지구 시스템 전체에 환경 부하를 높여 기후재난을 초래하고 있는 것이다.

이렇듯 생산과 소비에서 경제적 외부성을 고려하지 않으면 환경 부하를 높여 환경의 지속가능성environmental sustainability을 위협하게 된다(그림 2-5). 환경의 지속가능성은 현재세대가 누리고 있는 지구의 자연

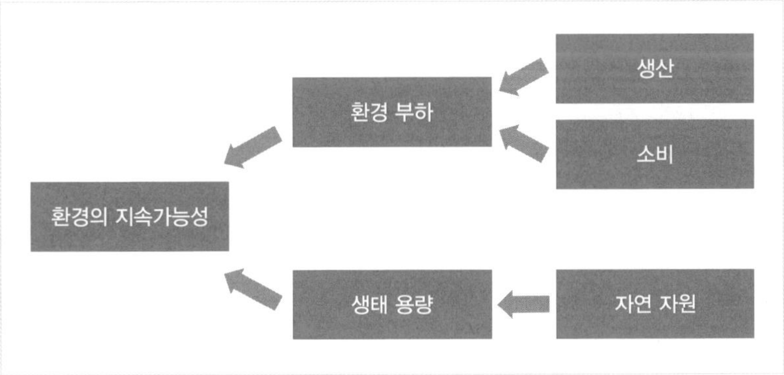

그림 2-5 환경의 지속가능성

자원과 환경 서비스를 미래세대도 누릴 수 있는 능력을 위태롭지 않게 하는 것을 의미한다. 만일 인간의 환경 부하에 비해 지구의 자연자원과 생태계가 풍부하다면 현재세대와 마찬가지로 미래세대도 이들을 충분히 누릴 수 있다. 그러나 지구는 한 개뿐이고 지구에는 제한된 산림과 물, 공기, 자연자원이 있을 뿐이다. 즉 환경 부하를 흡수할 수 있는 생태 용량environmental carrying capacity이 유한하다는 것이다. 만일 환경 부하가 생태 용량보다 크다면 환경은 더이상 지속가능하지 못하다. 오직 환경 부하가 생태 용량보다 작을 때에만 환경은 지속가능한 것이다. 예를 들어 인간이 생산과 소비 활동에서 배출한 탄소량이 산림과 바다가 흡수할 수 있는 양보다 많아지면 대기권의 탄소량이 누적되게 되고 이것이 지구온난화의 원인이 되고 기후 위기를 불러 오는 것이다.

지속가능발전의 트라일레마

환경의 지속가능성이라는 개념과 함께 꼭 등장하는 개념이 지속가능발전sustainable development이다. 이 두 가지 개념은 종종 혼동되어 사용되기도 한다. 지속가능발전이라는 개념은 1987년 유엔의 세계환경 및 개발위원회WCED가 발행한 「우리의 공동 미래」라는 제목의 보고서에서 처음 사용되었다.[17] 당시 WCED 의장의 이름을 따라 부르트랜드Brundtland 보고서라고도 불리는 이 보고서는 지속가능발전을 "미래세대가 자신의 필요를 충족할 수 있는 능력을 손상시키지 않으면서 현재의 필요를 충족시키는 발전"이라고 정의했다. 당초 지속가능발전의 개념은 경제 성장, 사회 발전, 지속가능한 환경을 세 가지 기본 기둥

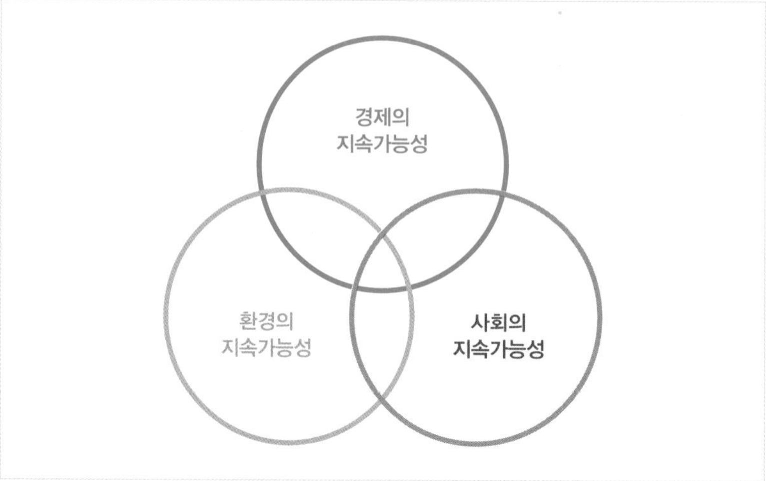

그림 2-6 **지속가능발전의 세 가지 지속가능성**

으로 삼았다. 그러나 저자는 지속가능발전을 위해서는 환경뿐만 아니라 경제 성장과 사회 발전도 지속가능성이 있어야 한다고 믿는다. 즉 지속가능한 발전을 위해서는 경제의 지속가능성economic sustainability, 사회의 지속가능성social sustainability, 그리고 환경의 지속가능성이 모두 균형적으로 유지되어야 한다(그림 2-6). 환경의 지속가능성은 앞서 설명했으니 경제의 지속가능성과 사회의 지속가능성에 대해서 생각해 보자.

경제의 지속가능성이란 경제가 단기적 성장에 그치지 않고 장기적으로 성장을 이어갈 수 있어야 한다는 뜻이다. 자본주의 시장경제와 사회주의 계획경제를 비교해 보자. 자본주의 시장경제는 자원을 개인이 소유하고 시장의 가격에 의해 공급과 수요가 결정되는 시스템으로 산업혁명 이후 소위 서방세계가 채택하고 있다. 사회주의 계획경제는 자원을 국가가 소유하고 국가가 계획을 통해 공급과 수요를 결정하는 시스템으로 구소련과 동구 유럽 국가들이 채택했다. 사회주의 계획경제 시스템의 경우 자원의 공동 소유로 인해 일하고자 하는 욕구와 생산효율을 떨어뜨리고 새로운 상품과 기술을 개발하려는 투자 욕구도 떨어뜨린다. 그리고 계획에 의한 자원 분배로 인해 자원이 비효율적으로 낭비된다. 이 때문에 결국 구소련은 붕괴되었다. 역사적 경험에서 사회주의 계획경제는 경제의 지속가능성이 없음이 확인된 것이다.

자본주의 시장경제 시스템이라고 무조건 경제의 지속가능성이 있는 것은 아니다. 현대 경제학의 아버지라고 불리는 아담 스미스Adam Smith는 『국부론The Wealth of Nations』에서 자본주의 시장경제의 이론적 토대를 제공했다. 스미스는 인간이 본인의 이익을 위해서 일을 하지만 시장이 자유롭게 작동하게 되면 '보이지 않는 손'과 분업에 의해 결국 모든 사람들에게 이득이 되는 결과를 가져온다고 주장했다. 때문에 정부는 시장에 개입하지 말고 자유방임 상태로 내버려 두어야 한다고 말했다.

그러나 1929년 발생한 세계대공황은 스미스식의 자유방임적인 자본주의 시장경제가 지속가능하지 않을 수 있음을 극명하게 보여줬다. 앞서 설명한 것처럼 제1차 세계대전 이후 복구와 함께 기업들은 대량생산 시스템을 구축했다. 이를 위해 많은 투자가 이루어지고 생산과 이익도 크게 증가했다. 이 과정에서 주식시장과 부동산시장은 최대 호황을 누리며 자산가격의 버블이 커졌다. 그러나 대량생산 과정에서 밀려난 노동자들의 실질소득은 감소했고 이는 상품에 대한 수요 부족을 불러와 기업들의 재고가 증가하기 시작했다. 이 와중에 미국 연방준비제도(이하 '연준')가 1928년부터 투기를 막을 목적으로 재할인율을 인상하며 돈줄을 죄기 시작하자 시장금리가 오르기 시작했고 결국 주식과 부동산 가격 버블이 꺼지며 세계대공황이 발생한 것이다.

2007년 시작된 글로벌 금융위기도 2000년 초 닷컴 버블이 꺼지면서 경제가 지속가능하지 않은 환경이 조성되었기 때문이다. 주식 가격이 폭락하고 경제가 위태로운 지경에 이르자 연준은 2001년 1월부터 기준금리를 지속적으로 낮췄고, 시중에 유동성이 시중에 넘치자 소득이 적은 사람들까지 레버리지를 이용해서 부동산시장에 뛰어들었다. 부동산시장이 과열되자 연준은 2004년 6월부터 2006년 6월까지 기준금리를 지속적으로 올리자 주택가격이 하락하고 담보대출로 집을 샀던 서브프라임 신용등급의 사람들이 채무불이행 상태가 되었고 결국 부실채권이 늘어난 미국의 금융기관과 미국 금융기관으로부터 신용파생상품을 구입한 세계의 금융기관까지 나락에 빠지게 되었다.

2022년 현재 전 세계가 스태그플레이션의 공포에 휩싸이고 있는 것도 앞선 세계대공황과 글로벌 금융위기와 비슷하다. 2020년 코로나 사태가 발발하자 세계 각국은 코로나 확산을 막기 위해 경제 봉쇄를 함과 동시에 경제적 충격을 줄이기 위해 재정 지출을 확대하고 중앙은행의 기준금리를 낮춰 막대한 유동성을 시장에 공급했다. 유동성은 코로나로 위축된 실물시장 대신 주식시장과 부동산시장으로 흘러들어가 주식과 부동산 가격을 폭등시켰다. 2021년 백신과 치료제가 공급되면서 사람들의 이동과 경제 활동이 재개되자 수요 증가로 상품과 원자재 가격이 뛰기 시작했다. 2022년 초 러시아가 우크라이나를 침공하면서 원유와 천연가스, 농산물 등의 가격이 상승해 인플레이션은 더욱 빠르게 상승하는 상황이 되었다. 연준은 2022년 3월이 되어서야 기준금리를 0.25%포인트 올리기 시작했으나 너무 늦었다. 이 때문에 연준은 물가를 잡기 위해 더욱 빠르게 기준금리를 올릴 수밖에 없고 이는 경기침체를 가져올 공산이 크다. 더욱이 코로나 발발 이전부터 세계적으로 소득과 부의 양극화가 심화되었다는 점에서 1929년 세계 대공황과 2007년 글로벌 금융위기를 가져온 상황과 비슷하다. 아울러 다음 절에서 설명하겠지만 인구 고령화도 경제의 지속가능성을 어렵게 하는 요인이다.

사회적 지속가능성은 지속가능발전에서 종종 무시되는 경향이 있다. 즉, 지속가능발전을 '환경적으로 지속가능한 경제 성장'으로만 이해하는 경향이 종종 있다. 그러나 인간다운 삶은 경제적 풍요와 생태적 환경과 함께 사회적 환경에 영향을 받는다. 얼마 전까지만 하더라도 유엔에서 사회적 발전social development이라는 용어로 주로 사용했던 사회적 지속가능성은 말 그대로 지속가능한 사회를 의미한다. 지속가능한 사회란 사회를 구성하는 다수의 사람들이 사회를 전복하려는 대신 민주적 절차에 의해 현재의 사회 시스템을 개선해 나갈 수 있는 사회이다. 이는 자유와 인권이 보장되고, 민주적인 절차에 따라 모든 사람은 평등하고 기회는 공정하게 분배될 때 얻어지는 것이다. 평화와 웰빙, 질 높은 교육과 노동의 기회를 제공받는 것도 사회의 지속가능성을 높여 준다.

인도의 경제학자이자 노벨상 수상자인 아마르티아 센Amartya Sen은 공평성, 다양성, 사회적 결속, 삶의 질, 민주주의와 거버넌스, 성숙이라는 여섯 가지가 사회적 지속가능성의 중요한 구성요소라고 말한다. 즉, 사회적 지속가능성을 달성하기 위해서는 다양한 사회 구성원에게 공평한 기회가 주어져 사회를 결속시키는 동시에 수준 높은 삶의 질을 유지할 수 있어야 하고, 민주주의적 체제에서 사회적 발전을 추구해야 한다는 것이다.

이처럼 사회적 지속가능성은 사회적 불평등을 완화하고 모든 인간이 사회경제적 또는 문화적 배경에 관계없이 높은 삶의 질을 살 수 있도록 평등한 기회를 촉진하는 정책을 수립하는 것을 포함한다. 사회적으로 지속가능한 커뮤니티와 제도를 구축하려면 집행 기관이 모든 의사결정 과정과 가치 사슬에 형평성, 다양성, 인권, 사회적 결속, 노동 권리를 고려해야 한다. 이를 통해 현재뿐만 아니라 미래세대를 위한 더 나은 사회적 분위기를 만드는 것이라고 할 수 있다.

문제는 지속가능발전의 3대 축이 종종 상충되는 경우가 발생한다는 것이다. 앞서 설명한대로 성장만을 추구하게 되면 사회적 형평성을 악화시키는 결과를 가져온다. 또한 성장 제일주의는 지구온난화를 일으키는 탄소 배출량을 증가시키는 것과 같이 환경의 지속가능성을 악화시키는 결과를 초래한다. 마찬가지로 모든 것을 똑같이 나누겠다는 식의 사회적 형평성만을 강조하게 되면 열심히 투자하고 일하고자 하는 욕구를 감소시키고 경제적 비효율을 높여 성장과 고용에 부정적인 영향을 미치게 된다. 환경도 마찬가지다. 환경만을 최우선으로 하면(예를 들어 탄소 배출량을 지금 당장 제로로 하는 정책을 추진하게 되면) 도로, 항만, 공항과 같은 사회 간접자본의 건설도 원천적으로 불가능해지고 기업 활동도 크게 제약될 수밖에 없어서 성장과 고용에 부정적인 영향을 미칠 수밖에 없다.

따라서 지속가능발전의 3대 축인 경제 성장의 지속가능성, 사회의 지속가능성, 환경의 지속가능성을 동시에 달성할 수 있는 정책을 강구해야 하는데 현실적으로 이런 일석 삼조의 정책 수단이 마땅치 않다. 경제 성장에 도움이 되고, 동시에 사회적 지속가능성과 환경의 지속가능성을 높일 수 있는 수단이 거의 없다는 것이다. 이른바 지속가능발전의 3중 딜레마인 트라일레마Trilemma 상황이다. 이렇듯 지속가능발전의 3대 축이 서로 상충되고 3대 축을 동시에 달성할 수 있는 수단이 마땅치 않기 때문에 국제사회가 1987년 이후 지속가능발전을 추구해 왔음에도 불구하고 그 결과는 낙제점이다. 3대 축 중 유일하게 경제 성장만이 성공을 거두었으나 사회적 양극화가 심화되어 왔고, 기후 위기에서 보듯 환경의 지속성은 거의 벼랑 끝에 몰려 있는 상황이다.

인구와 지속가능발전

경제학은 일찍부터 인구가 경제에 미치는 영향에 관심을 두어 왔다. 가장 유명한 연구는 영국의 경제학자인 토마스 멜서스가 1798년 출판한 『인구의 원리에 관한 에세이An Essay on the Principle of Population』이다. 멜서스는 인구는 25년마다 두 배씩 기하급수적으로 증가하는 반면 식량 생산은 산술적으로 증가한다고 주장했다. 이 때문에 경제 성장의 한계가 오고 결국 인구도 감소한다고 주장했다. 그러나 멜서스의 이러한 주장은 틀렸음이 확인되었다. 식량생산이 녹색혁명으로 인해 인구보다 더욱 빠르게 증가함에 따라 기아에 허덕이는 숫자는 감소한 것이다.

그럼에도 불구하고 맬더스의 주장은 오늘날 새롭게 각색되어 살아 있다. 신 맬서스주의Neo Malthusism는 인구 과잉이 자연자원을 고갈시키고 환경을 악화시켜 자연생태계를 붕괴시킬 수 있다는 것이다. 사실 인구와 함께 경제 규모가 증가하면서 자원 사용량과 탄소배출량이 기하급수적으로 증가하고 자연생태계를 위협하고 기후 위기를 불러오고 있다.

최근의 인구에 관한 경제학적 연구는 인구 총량의 증가보다는 인구 구조가 어떻게 경제에 영향을 미치는가에 관심을 두는 편이다. 인간은 태어나면 성인이 되기 전 유소년기를 거쳐야 한다. 유소년기에는 보육과 교육을 받아야 하는 인적자원 투자 기간인 동시에 소비만 하는 기간이다. 성인이 되면 비로소 생산 활동에 참여하고 왕성한 소비와 저축을 하게 된다. 고령이 되면 생산성이 낮아지고 결국 은퇴하고 저축 대신 소비만 하게 된다. 그렇다고 해서 소비가 느는 것은 아니다. 젊었을 때 해마다 새로 사 입던 옷도 관심이 줄어들고, 자녀를 키우느라 지불했던 교육비도 없어진다. 사는 집도 늙어갈수록 작은 집으로 이사 가는 게 일반적이다. 즉 고령 인구는 노동 참가율이 낮고, 참가하더라도 노동 생산성이 낮고 소비와 저축도 적은 편이다. 그리고 고령 인구 비중이 많아지면 노동 가능 인구가 고령 인구를 먹여 살려야 하는 부담이 커진다. 이렇듯 이런 저런 이유로 인구 구조가 고령화되면 경제 성장 잠재력이 떨어지게 된다.

이 때문에 선진국뿐만 아니라 많은 신흥국에서도 빠르게 진행 중인 인구 고령화는 구조적인 장기 불황을 불러올 가능성이 크다. 하버드대 래리 서머스Larry Summers 교수는 많은 선진국들에서 제로에 가까운 금리에도 불구하고 지속적인 수요 부족이 극복되지 않고 있음을 지적하며 구조적인 장기불황secular stagnation을 경고했다. 저금리의 원인은 무엇보다 소비와 투자를 위축시키는 인구 고령화이다. 저자의 연구에 의하면 고령 인구(65세 이상) 비중이 10%포인트 증가하면 연간 경제 성장률이 3.5%포인트 감소한다.[18] 저자의 또 다른 연구에 의하면 인구 고령화가 심화될수록 인구 고령화가 경제 성장에 미치는 부정적인 영향이 점점 더 커지게 된다.[19]

어쩌면 디지털혁명과 함께 등장한 새로운 생산요소인 AI로봇이 인간의 노동력을 대체하고 있어서 인구가 고령화되더라도 생산은 감소하지 않고 도리어 증가할 수도 있다. 그러나 문제는 수요다. 생산에서 인간의 역할을 대신하는 AI로봇은 먹지도 않고, 입지도 않으며, 살 집도 필요가 없다. 수요가 위축되는 상황에서 기업들이 투자를 늘릴 수 없다. 결국, 인구 고령화가 진행되면서 총수요가 위축될 수 있다. 이는 결국 재고 증가로 급작스런 경기 충격이나 장기적인 경기 침체로 이어질 가능성이 크다. 1929년 발발했던 세계대공황도 당시 대량생산 방식 등의 도입으로 생산은 빠르게 늘었는데 대량생산 방식에 쫓겨난 노동자들의 수입이 줄면서 총수요가 감소한 것이 중요한 이유였다.

한국을 비롯한 동아시아의 많은 나라들이 급속한 경제 성장을 했던 주요 원인 중 하나가 바로 젊은 인구들이 많았기 때문이었다. 즉 인구

배당금demographic dividend의 측면이 컸다. 그러나 한국은 65세 이상 고령 인구가 2000년에는 총인구의 7%에 불과했으나 2018년에 14%를 넘어 고령사회에 진입했고 2021년에는 16.6%에 달한다. 2030년에는 25.5%, 2050년에는 무려 40.1%에 이를 전망이다. 이에 반해 생산 가능 인구의 비중은 2016년부터 감소하기 시작했다.

이에 따라 노인부양 비율(생산가능 인구 1백 명당 고령 인구)은 2000년 처음으로 10명을 넘더니 매년 0.5명씩 증가해서 2018년 20명에 이르게 되었다. 2030년엔 41명, 2050년에는 79명에 이를 전망이다. 다시 말하면 2000년에는 10명의 젊은이가 1명의 노인을 부양했는데 2018년에는 10명의 젊은이가 2명의 노인을 부양하는 상황이 된 것이다. 그리고 2030년에는 10명의 젊은이가 노인 4명을, 2050년에는 무려 8명을 부양해야 하는 상황이 될 전망이다. UN의 세계 인구 전망에 따르면, 한국은 고령 인구 증가 속도가 세계에서 가장 빠른 국가이다. 이제 한국은 인구배당금이 아니라 인구부담금demographic burden를 걱정해야 하는 상황이다.

한국의 이러한 상황은 1990년대 초의 일본과 매우 비슷하다. 일본의 고령 인구는 1991년 전체 인구의 12%를 넘어섰고, 1995년에 14%를 넘어 고령사회로 진입했다. 반면 생산 가능 인구 비중은 1993년부터 감소하기 시작했다. 잘 알려진 것처럼 일본 경제는 1991년 소위 부동산 버블이 꺼지면서 성장률 0%대의 장기 침체를 지금까지도 겪고 있다. 그동안 많은 재정 지출과 돈을 퍼부었지만 그야말로 백약이 무

효였다. 한국은 인구 구조상 일본을 약 20~25년 정도 간격을 두고 뒤를 따르고 있는 형국이다.

일본과 마찬가지로 유럽 선진국들은 대부분 인구 고령화가 상당히 많이 진척되어 있어 구조적인 장기 불황에 빠져들고 있다. 이처럼 인구 고령화는 지속가능발전의 한 개 축인 경제의 지속가능성을 위협한다. 이뿐만 아니다. 인구 고령화로 인한 구조적이고 장기적인 경기 침체가 계속되면서 유럽의 여러 나라에서 포퓰리스트들이 선거에서 상당한 성공을 거두고 있다. 폴란드, 헝가리, 스위스, 덴마크, 오스트리아, 핀란드, 프랑스, 이탈리아, 네덜란드, 노르웨이, 라트비아, 스웨덴, 독일 등이 여기에 해당된다. 헝가리, 폴란드, 체코에서는 포퓰리스트 정권이 들어섰다. 이들은 대체로 기존의 민주주의 질서를 거부하고 세계화를 불신하며 강력한 국가 주권의 필요성을 주장한다. 이들은 또 외국인과 이민자, 특히 이슬람을 혐오하고 '다문화주의'를 거부한다. 제1차 세계대전 이후 최악의 경제 상황에 있던 독일에서 아돌프 히틀러가 등장해 독일을 전체주의적이고 독재적인 나치즘의 광풍으로 몰아넣은 다음 6백만 명의 유대인을 학살하고 제2차 세계대전을 일으켰던 상황을 연상하게 한다. 이처럼 인구 고령화는 경제의 지속가능성뿐만 아니라 사회의 지속가능성도 위협한다.

뉴 이코노믹스의 구성

경제학에는 효용함수라는 개념이 있다. 여기서 효용은 개인의 행복을 의미한다. 그런데 효용함수에서 효용의 크기는 본인의 소비량의 크기에 의해 결정된다. 그리고 소비량은 그 사람의 소득과 부의 양에 의해서 결정된다. 경제학의 이런 논리라면 사람은 행복하기 위해 오늘 당장 가능한 소비를 늘려야 하고(극대화해야 하고), 이를 위해서는 열심히 돈을 벌어야 한다. 따라서 돈 버는 환경을 가장 잘 만들어주는 자유시장경제와 자유무역이 최고의 선이었다. 덕분에 인류는 산업혁명 이후 30만 년 역사상 가장 빠른 기하급수적인 성장을 해 왔고 이제는 밥을 굶어 죽는 사람보다 배가 불러 죽는 사람이 많아졌다.

그러나 인간은 이제 지구에서 함께 사는 이웃과 동료로서의 연대보다는 경쟁자로서의 대립을 당연시하게 되었고 부자와 가난한 사람들 간의 양극화는 매년 기록을 새우며 심화되고 있는 중이다. 인간 간의 관계가 이러하니 인간과 자연간의 관계는 두말할 것도 없다. 인간은 이제 지구의 모든 동물과 식물을 완전하게 복속시켰을 뿐만 아니라 화석연료를 태워 지구시스템 자체를 바꾸고 있다. 때문에 인간은 더 많이 생산하고 소비하지만 행복해지기보다는 불행해졌다. 뿐만 아니라 인류의 멸종까지도 걱정해야 하는 상황에 이르렀다.

경제 성장이 어느 수준에 이른 후에는 사회적 양극화와 환경 훼손을 줄인다는 논리는 옳지 않다는 것이 확인되었다. 그렇다고 경제 성장을 포기할 수도 없다. 아직 지구상에는 80억 인구의 10%에 달하는 8억 명은 기아에 허덕이고 있고 이들은 대부분 아프리카와 서남아시아 그리고 라틴 아메리카에 살고 있다. 이들 지역에 있는 나라들에게 경제 성장을 포기하라고 할 수 없다. 유럽이나 북미의 선진 국가들도 성장을 포기한다는 것은 실업자 증가와 함께 사회불안을 가져올 것이므로 정치적으로 선택할 수 없다. 한편으로 빠르게 고령화되고 있는 인구 구조로 인해 경제 성장이 구조적인 장기 불황에 빠지지 않도록 하는 것도 중요하다.

따라서 경제학은 여전히 필요하고 경제 성장도 중요하다. 다만, 사회의 구성원들이 어떻게 더불어, 그리고 어떻게 환경의 지속가능성을 헤치지 않으면서 경제 성장을 할 수 있는지를 경제학은 연구하고 가르쳐야 한다. 우리가 누리는 지구자원과 환경은 선배세대로부터 물려받은 것이고 미래세대로부터 빌려온 것이다. 따라서 우리도 미래세대에게 온전히 물려 줄 책임이 있다.

경제학은 개인의 살림과 나라의 살림을 잘 다스리는 방법을 연구하는 학문이라고 했다. 한 나라의 살림을 잘 다스리기 위해서는 국민이 필요한 상품과 서비스를 부족함 없이 생산할 수 있어야 한다. 동시에, 생산물을 어떻게 구성원들이 나눌 것인지, 그리고 생산물과 삶의 공간을 제공하는 자연환경을 어떻게 잘 활용하고 보전할 것인지를 연구해야 한다. 현대경제학에도 경제 성장론과 함께 후생경제학과 환경경제학이라는 과목이 있다.

그러나 경제학의 입문자들을 위한 경제학원론에서 후생경제학과 환경경제학은 거의 논의조차 이루어지지 않는다. 예를 들어 한때 전 세계에서 가장 많이 사용되었던 폴 사무엘슨의 경제학원론 교과서는 전체 지면의 대부분을 개인의 소비극대화, 기업의 이윤극대화, 그리고 국가의 경제 성장 문제를 설명하는 데 할애했다.[20] 환경에 관련한 내용은 4부의 18장에서만 '환경 보호'라는 제목으로 다룬다. 후생 경제학과 관련한 주제로는 4부 19장에서 효율성과 형평성이라는 제목으로 다루는 게 전부다.

사뮤엘슨의 『경제학』 17판 (2001년) 목차

1부 기본 개념

미시경제

2부 미시경제학: 공급, 수요, 상품시장

3부 생신요소시징: 노동, 토지, 자본

4부 응용 미시경제학: 국제무역, 정부, 환경

거시경제

5부 거시경제학: 경제 성장과 경기변동

6부 경제 성장과 거시경제 정책

7부 실업, 인플레이션, 경제정책

『사무엘슨의 경제학』에 이어 경제학원론 교과서로 가장 많이 사용되는 『멘큐의 경제학』도 크게 다르지 않다. 『멘큐의 경제학』은 총 13부 36장으로 되어 있는데 1부의 서론에서 경제학의 10대 기본 원리를 제시하며 경제학은 사람들이 어떻게 결정을 내리는지, 어떻게 상호작용하는지, 그리고 나라 경제는 어떻게 움직이는지에 대한 학문이라고 단언한다.[21] 이어 2~7부는 시장의 수요공급, 효율성, 외부효과, 기업행동, 소비자 선택이론과 같은 미시경제학으로, 8~13부는 국민소득, 성장, 실업, 물가, 통화량, 경기 변동과 같은 거시경제학으로 구성되어 있는데 이 모든 것들이 경제 성장에 관한 것들이다. 소득불평등에 관해서는 6부 20장에서 '소득불평등과 빈곤'이라는 별도 주제로 간단히 다루는 것이 전부다. 환경에 관한 논의는 아예 없다. 새뮤엘슨의 경제학 교과서에서 간단하게나마 다루었던 환경 문제는 『멘큐의 경제학』에서는 아예 사라져버린 것이다.

『멘큐의 경제학』 9판 (2020년) 목차

1부 서론

미시경제

2부 시장의 작동 원리

3부 시장과 경제적 후생

4부 공공경제학

5부 기업행동과 산업조직

6부 노동시장의 경제학

7부 소비자 선택 이론과 미시경제학의 새로운 영역

거시경제

8부 거시경제 데이터

9부 장기 실물경제

10부 화폐와 물가의 장기적 관계

11부 개방경제의 거시경제학

12부 단기 경기변동

13부 책 말미에: 거시경제에 관한 여섯 가지 쟁점

경제학은 산업혁명 이후 경제 규모가 기하급수적으로 성장하는 사피엔스 30만 년 역사의 '기적'을 만드는 데 크게 공헌했다. 그러나 경제학이 사회적 형평성과 환경의 지속가능성 문제를 무시해 버리는 바람에 경제 성장 과정에서 사회는 양극화되고 지구는 기후 위기와 생태계 파괴로 헐떡이고 있는 것이다.

경제 성장이 사회적 형평성과 환경의 지속가능성을 가져올 거라는 믿음은 미신임이 밝혀진 지 오래다. 도리어 사회적 형평성이 나빠지면 경제 성장의 발목을 잡을 수도 있다는 게 최근의 연구 결과이다. 기후재난이 심해지고 자연생태계가 파괴되면 더더욱 경제는 지속가능할 수가 없다. 아래는 저자가 생각하는 『뉴 이코노믹스 원론』의 목차이다.

『뉴 이코노믹스 원론』 목차

14부 경제 성장과 사회적 형평성

15부 경제 성장과 환경의 지속가능성

제4편: 책 말미에

16부 지속가능한 발전을 위한 패러다임

저자가 생각하는 경제학원론은 우선적으로 개인의 행복과 사회적 후생이 무엇인지 하는 질문을 던지고 시작한다. 경제학원론의 '제1편'에서는 개인의 행복이나 사회적 후생이 단순이 돈을 많이 벌어서 얻을 수 있는 것이 아니라는 것을 깨닫도록 한다. 사회구성원 전체가 더불어 생산과 분배에 참여하고 현재뿐만 아니라 미래 세대의 자산인 자연환경을 보전하면서 경제 활동을 해야만 한다는 것을 깨닫도록 한다.

'제2편' 미시경제학적 측면에서 어떻게 소비자 효용을 극대화시키고 생산자는 어떻게 이윤을 극대화시키는지, 그리고 이들이 시장에서 어떻게 만나 거래가 이루어지는지를 설명한 후, 이 소비자와 기업들의 활동이 어떻게 사회적 형평성과 환경의 지속가능성에 영향을 미치는지를 설명한다. '제3편' 거시경제학 측면에서는 물가와 실업, 경기변동, 경제 성장을 설명한 후, 이들 거시경제 변수들이 어떻게 사회적 형평성과 환경의 지속가능성에 영향을 미치는지를 설명한다.

마지막 '제4편'에서는 '제2편' 미시경제학적 접근과 '제3편' 거시경제학적 접근에서 도출한 경제 성장, 사회적 형평성, 환경의 지속가능성 간의 상관성을 종합적으로 정리한 후 개인의 행복과 사회적 후생을 극대화할 수 있는 지속가능한 발전 패러다임을 제시하는 것으로 결론을 맺는다.

이렇듯 경제학이 개인의 효용과 이익의 증대에만 매달리지 말고 사회적 형평성과 환경의 지속가능성을 함께 고려하는 사회 전체의 후생, 즉 지속가능발전을 위한 학문으로 거듭나야 한다. 이를 통해 경제학이 디지털사회에서 인류가 당면하고 있는 인구 고령화, 사회 양극화, 기후 위기를 극복하는 데 기여하고 경제학 자신도 사람들의 지탄의 대상이 되지 않고 지속가능성을 갖는 학문이 돼야 할 것이다.

DESTINED

FUTURE

제3부

담대한 전환

1

담대한 회개

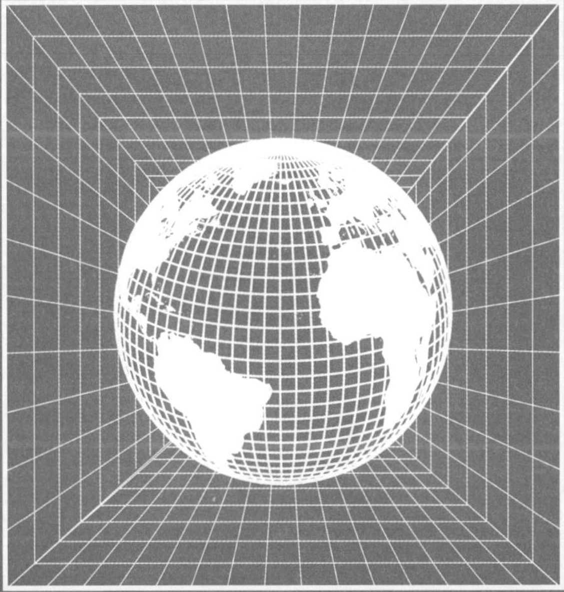
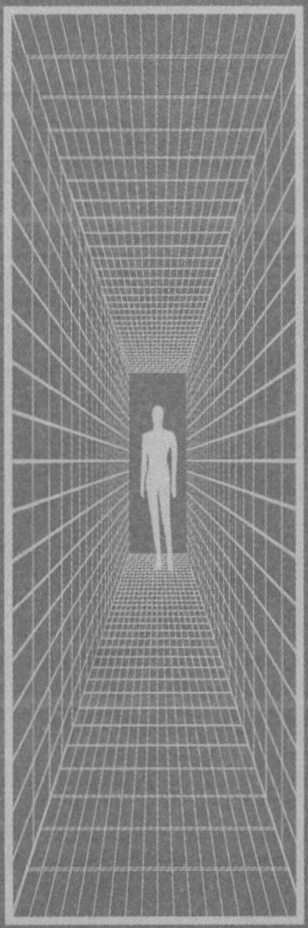

네 가지 스완에 둘러싸인 인류

지구가 45억 년 전 생겨난 이후 지금까지 지구상의 생물들은 다섯 번의 대멸종을 겪었다. 과거 다섯 번의 대멸종은 지각변동 같은 자연적 재해로 발생했다. 하지만 여섯 번째 대멸종 사태가 일어날 경우 그 원인은 인간이 만든 기후 변화가 될 가능성이 크다. 기후 변화와 함께 인간의 생물다양성 파괴로 하층의 먹이사슬이 무너지면 최고의 포식자인 인류는 멸종 위기를 맞을 수 있다.

앞에서 우리는 스완(백조)을 빗대어 세 가지 종류의 위험이 있음을 보았다. 사전에 발생할 가능성을 예측할 수 있는 위험을 화이트스완 white swan, 사전에 예상할 수는 없지만 일단 발생하면 엄청난 결과를 가져오는 위험을 블랙스완black swan이라고 한다. 그리고 발생할 시기는 불확실하지만 발생할 것이 확실하고 일단 발생하면 엄청난 재앙을 불러오는 위기를 그린스완이라고 한다. 빠르게 진행 중인 지구온난화는 인류를 포함한 지구상 모든 생물의 대멸종을 가져올 수 있기에 그린스완green swan이다.

그린스완뿐만 아니라 화이트스완과 블랙스완도 지구라는 거대한 호수에 함께 헤엄치는 중이다. 인구 고령화라는 이름의 화이트스완과 사회 양극화라는 이름의 블랙스완이다. 인구 고령화가 화이트스완인 이유는 노인 인구가 많아질수록 이들을 먹여 살려야 하는 부담과 함께 만성적인 수요 부족으로 구조적인 장기 불황이 올 것임을 충분히 예측할 수 있기 때문이다. 그리고 갈수록 심각해지는 사회 양극화가 블랙스완인 이유는 체제 전복이나 1929년 세계대공황과 같은 상황의 단초 역할을 할 수 있기 때문이다.

디지털혁명 또한 인류를 위험에 빠뜨릴 수 있다. 무엇보다 빠르게 진화하고 있는 AI로봇으로 인해 인간은 노동으로부터 해방될 수 있지만, 이를 다른 편에서 보면 인간은 일자리를 빼앗기고, 감시와 통제 속에서 살아가야 할지도 모른다. 그리고 디지털혁명은 디지털 디바이드라는 새로운 사회 양극화를 만들고 있는 중이고 인간의 수명을 늘려 인구 고령화의 속도를 더욱 빠르게 할 것이다. 이제 지구 호수에는 또 다른 스완이 헤엄치고 있는 셈이다. 긍정적인 면과 부정적인 면을 동시에 갖고 있으며 발생가능성이 불투명한 그레이스완grey swan이다.

네 가지 종류의 스완에게 둘러싸인 인류에게 21세기는 오지 않을 수 있다(그림1-1).

화이트스완	블랙스완	그린스완	그레이스완
사전에 발생할 가능성을 예측할 수 있는 위험	사전에 예측할 수 없지만 일단 발생하면 엄청난 결과를 가져오는 위험	발생할 시기는 불확실하지만 발생할 것이 확실하고 일단 발생하면 엄청난 재앙을 불러오는 위험	긍정과 부정적인 면을 동시에 갖고 있으며 발생가능성이 불투명한 위험
인구 고령화	**사회 양극화**	**지구온난화**	**디지털혁명**
구조적인 장기불황 초래	체제전복 또는 세계공황과 같은 경제위기 초래	기후 위기와 생물대멸종을 초래	사회 양극화와 빅브라더의 등장

그림 1-1 **네 가지 뉴노멀과 네 종류의 스완**

호모 데우스의 회개

'예정된 미래'라는 제목 아래 네 가지 뉴노멀을 제시했지만 이 모두 어느 정도는 틀릴 가능성이 있다. 그러나 절대로 틀릴 수 없는 예정된 미래는 '우리 모두는 죽는다'는 것이다. 인간은 다른 생명체와 마찬가지로 태어나면 언젠가 죽는다. 때문에 인류는 수렵채집인으로 살던 시절부터 오늘날까지 '죽음이란 무엇인가'라는 질문을 계속해 왔다. 언젠가 죽을 운명을 가지고 태어난 인류에게는 어쩌면 더 중요한 질문 한 가지가 있다. 바로 '삶은 무엇인가'이다.

사피엔스는 죽음과 삶의 이유에 대해서 철학과 종교의 이름으로 다양한 대답을 찾아왔다. 이에 대한 논의는 이 책의 모든 지면을 할애해도 부족할 것이다. 저자는 특별히 '왜 사는가'에 대한 서구 철학과 종교의 가르침에 우선 초점을 맞추려고 한다. 왜냐하면 근대 이후 서구, 즉 서유럽과 미국이 산업혁명을 주도해 세계의 부와 권력을 거머쥐었고, 민주주의 정치체제와 자본주의 시장경제 체제의 전도사가 되어 현대 인류의 삶에 압도적인 영향을 미치고 있기 때문이다. 또한 현재 진행 중인 디지털혁명도 서구 문화권이 주도하고 있고, 인구 고령화도 서유럽에서 가장 앞서 진행 중이다. 사회적 양극화 역시 서구 문화권이 만들어낸 자본주의 시장경제를 빼 놓고 설명할 수 없으며, 기후위기도 기독교 문화권의 산업화 과정에서 뿜어낸 온실가스가 가장 큰 책임이 있기 때문이다.

서구의 사상과 문화는 헬레니즘Hellenism과 헤브라이즘Hebraism이 양대 기둥이자 뿌리이다. 헬레니즘은 '그리스인처럼 행동하다'라는 뜻의 그리스어hellenlz ein에서 유래했다. 알렉산더 대왕이 기원전 300년경 오리엔트를 대표하는 페르시아와 이집트를 정복하고 인도까지 진출하면서 그리스 고유의 문화와 오리엔트 문화가 융합하여 이루어진 세계주의 정신이라는 특징을 갖고 있다. 한 민족의 특성이나 생활 방식보다는 민족적 차별이 없는 인류를 이상으로 삼았다.

헬레니즘을 대변하는 사상은 에피쿠로스Epicuros학파와 스토아Stoa학파이다. 에피쿠로스학파는 흔히 쾌락주의로 알려져 있는데, 인간은 누구나 행복한 삶을 살아야 하고, 행복은 쾌락에 있다고 주장했다. 쾌락은 정신적 쾌락뿐만 아니라 육체적 쾌락까지 포함했다. 하지만 방종은 진정한 쾌락의 범주 속에 포함시키지 않았다. 반면 스토아학파는 감정과 욕망을 억제함으로써 마음의 평정, 즉 진정한 행복을 얻을 수 있다고 주장했다. 이렇듯 행복에 대해 다른 입장을 갖고 있지만 두 사상은 인간적인 문제에 대한 해결의 열쇠로 이성을 중시했다. 그리고 사회의 복리가 아닌 개인의 선에 관심을 가졌다는 점에서 개인주의적이었다. 두 사상은 또 어떠한 영적 실체의 존재도 부정했다는 점에서 물질주의직이있다. 때문에 에피쿠로스학파와 스토아학파로 대표되는 헬레니즘이 오늘날의 자유주의와 자본주의, 그리고 세계화의 근간이 되었다고 볼 수 있다.

헤브라이즘은 유일신인 야훼(여호와)가 우주를 창조했고, 피조물인 인간은 신에게 경배해야 하며 가르침에 순종해야 한다고 믿는 헤브라이(히브리, 유대인) 민족의 종교인 유대교에 뿌리를 둔다. 기독교는 유대교의 계시(구약)를 이어받지만 로마의 지배를 받던 유대인의 땅 이스라엘에서 태어난 예수를 인류를 구원한 메시아로 믿는 종교이다. 기독교는 초기 유대인의 배척을 받았을 뿐만 아니라 로마제국의 탄압을 받았으나 콘스탄티누스 황제가 313년 밀라노 칙령을 통해 기독교에 대한 탄압을 멈춘 후 기독교는 로마를 비롯한 유럽의 종교가 되었다. 기독교가 사회의 중심이 되는 중세시대에는 교황청이 황제권을 수여하는 등 막강한 권력을 휘둘렀다. 그러나 11세기 말부터 13세기 말까지 여덟 차례에 걸친 십자군전쟁의 실패로 교황과 교회의 권위는 떨어지고 성직을 매매하는 등 타락과 부패가 심해졌다. 중세 말기에는 성직자들이 '돈을 내면 죄를 사하여 준다'는 면죄부까지 팔기 시작했다. 마침내 마르틴 루터Martin Luther가 1517년 10월 31일 비텐베르크 성의 교회 정문에 면죄부 판매를 비판하는 「95개 반박문」을 내걸면서 종교개혁이 시작됐다. 루터가 주장한 것은 인간은 오직 믿음으로 구원을 받을 수 있다는 것으로 교황청이 만든 형식이나 권위 같은 것은 아무런 관련이 없다는 것이다. 한편, 14~16세기에 유럽에는 중세의 종교적 속박에서 벗어나 그리스·로마시대에 번성했던 인간 중심의 헬레니즘 문화로 복귀하려는 르네상스Renaissance 운동이 일어났다.

종교개혁으로 가톨릭에 저항하는 개신교(프로테스탄티즘)가 등장하게 된다. 특히 칼빈주의는 존 칼빈John Calvin이 주도한 개혁주의 신학사조로 루터와 같이 '성경'으로 돌아가려는 복음주의이지만 청교도적인 정신을 강조했는데 영국을 거쳐 아메리카 신대륙으로 이식되었다. 칼빈은 노동은 하느님의 명령이고 하느님의 영광을 위한 것이기 때문에 어떤 직업이든 하느님이 허락한 거룩한 일이라고 주장했다. 더욱이 하느님께 구원을 받을 것인지의 여부는 하느님에 의해 이미 예정되어 있기 때문에 인간의 노력이나 종교적 행위로 바꿀 수 없는 것이다. 나의 구원이 예정되어 있는지는 아무도 모르지만 열심히 일해 돈을 모아 부자가 되었다면 그것이 바로 구원의 증거라고 주장했다. 따라서 칼빈주의를 따르는 프로테스탄트들에게 있어서 노동(직업)은 하느님의 영광에 이바지하는 소명calling이고, 따라서 부자가 되도록 노동한다는 것은 좋은 일이었다.

막스 베버Marx Weber는 논문 「프로테스탄티즘의 윤리와 자본주의 정신」에서 근대 자본주의는 르네상스로부터 싹튼 합리주의와 자본 축적을 가능하게 한 칼빈주의Calvinism의 금욕주의에 그 바탕을 두고 있다고 주장했다.[1] 르네상스 운동은 인간 본성을 자유롭게 발휘토록 함으로써 과학기술의 발달을 가져왔고, 합리적인 정신을 낳아 영리추구가 주된 정신인 자본주의의 발달을 가져왔다는 것이다. 아울러 칼빈주의의 노동관은 금욕윤리와 함께 자본 축적을 가져와 서구 유럽과 미국식 자본주의의 토양이 되었다고 주장했다.

이러한 배경에서 탄생한 서구의 자본주의와 산업혁명 덕분에 인류는 30만 년 역사상 가장 빠른 경제 성장을 이룩했다. 그러나 대량생산·대량소비의 자본주의는 복지사회를 만들 것처럼 보였지만 사회적 양극화를 가져왔을 뿐만 아니라 막대한 탄소 배출로 기후 위기의 책임을 져야 하는 것이 불편한 진실이다.

때문에 서구 문화와 사상의 뿌리인 기독교의 근본 정신이 무엇인지를 생각해 볼 필요가 있다. 구약의 창세기 1장에 보면 하느님이 세상을 창조하셨다는 내용으로 시작한다.

> 한처음에 하느님께서 하늘과 땅을 창조하셨다.(1,1) 하느님께서 말씀하셨다. "물에는 생물이 우글거리고, 새들은 땅 위 하늘 궁창 아래를 날아다녀라."(1,20) 하느님께서 말씀하시기를 "땅은 생물을 제 종류대로, 곧 집짐승과 기어 다니는 것과 들짐승을 제 종류대로 내어라" 하시자, 그대로 되었

다.(1,24) 하느님께서 말씀하셨다. "우리와 비슷하게 우리 모습으로 사람을 만들자. 그래서 그가 바다의 물고기와 하늘의 새와 집짐승과 온갖 들짐승과 땅을 기어 다니는 온갖 것을 다스리게 하자."(1,26) 하느님께서는 이렇게 당신의 모습으로 사람을 창조하셨다. 하느님의 모습으로 사람을 창조하시되 남자와 여자로 그들을 창조하셨다.(1,27) 하느님께서 그들에게 복을 내리며 말씀하셨다. "자식을 많이 낳고 번성하여 땅을 가득 채우고 지배하여라. 그리고 바다의 물고기와 하늘의 새와 땅을 기어 다니는 온갖 생물을 다스려라."(1,28)

이처럼 하느님은 천지만물을 창조하신 마지막 날 인간을 창조하신 후 "땅을 가득 채우고 지배하여라" 그리고 "온갖 생물을 다스려라"라고 말씀하신다. 이 구절 때문에 기독교인들 중에는 종종 인간이 지구의 사물과 생물을 마음대로 파괴하고 괴롭혀도 된다고 생각한다.

그러나 기독교의 하느님은 인간에게 하느님 창조물의 선한 관리자로서의 임무를 맡긴 것이지 마음대로 파괴해도 좋다는 뜻이 아니다. 이렇게 만드신 모든 것을 "하느님께서 보시니 좋았다"는 표현이 창세기 1장에 7번이나 반복되고 있음을 보면 알 수 있다. 하느님은 인간이 자연을 마음대로 파괴하는 것이 아니라 '선한 관리자'가 되기를 원하신다. 성경은 이 점을 분명히 하고 있다(신약 마르코 복음 12장 1절~9절).

예수님께서 그들에게 비유를 들어 말씀하기 시작하셨다. "어떤 사람이 포도밭을 일구어 울타리를 둘러치고 포도 확을 파고 탑을 세웠다. 그리고 소작인들에게 내주고 멀리 떠났다. 포도 철이 되자 그는 소작인들에게 종 하나를 보내어, 소작인들에게서 포도밭 소출의 얼마를 받아 오라고 하였다. 그런데 소작인들은 그를 붙잡아 매질하고서는 빈손으로 돌려보냈다. 주인이 그들에게 다시 다른 종을 보냈지만, 그들은 그 종의 머리를 쳐서 상처를 입히고 모욕하였다. 그리고 주인이 또 다른 종을 보냈더니 그 종을 죽여 버렸다. 그 뒤에 또 많은 종을 보냈지만 더러는 매질하고 더러는 죽여 버렸다. 이제 주인에게는 오직 하나, 사랑하는 아들만 남았다. 그는 마지막으로 '내 아들이야 존중해 주겠지' 하며 그들에게 아들을 보냈다. 그러나 소작인들은 '저자가 상속자다. 자, 저자를 죽여 버리자. 그러면 이 상속 재산이 우리 차지가 될 것이다' 하고 저희끼리 말하면서, 그를 붙잡아 죽이고는 포도밭 밖으로 던져 버렸다. 그러니 포도밭 주인은 어떻게 하겠느냐? 그는 돌아와 그 소작인들을 없애 버리고 포도밭을 다른 이들에게 줄 것이다."

이처럼 기독교의 하느님은 인간에게 당신이 창조하신 세상(포도밭)을 선하게 관리해 소출을 만들어 하느님께 일부를 바치기를 바라신다. 그렇지 않으면 하느님은 인간(포도밭 관리인)에게서 세상을 빼앗으신다. 결국 기독교에서 하느님이 창조하신 세상을 선하게 관리하는 것이 인간의 삶의 목적인 것이다. 만일 선하게 관리하지 않으면 소작인인 인간을 없애 버리겠다고(죽여 버리겠다고) 분명히 경고한다.

더욱이 성경은 인간은 세상과 인간을 창조하신 하느님을 사랑하고, 인간들끼리는 서로가 사랑하면서 살아야 한다고 가르친다(신약 마태복음 22장 28~31절).

율법학자 한 사람이 이렇게 그들이 토론하는 것을 듣고 있다가 예수님께서 대답을 잘하시는 것을 보고 그분께 다가와, "모든 계명 가운데에서 첫째가는 계명은 무엇입니까?" 하고 물었다. 예수님께서 대답하셨다. "첫째는 이것이다. '이스라엘아, 들어라. 주 우리 하느님은 한 분이신 주님이시다. 그러므로 너는 마음을 다하고 목숨을 다하고 정신을 다하고 힘을 다하여 주 너의 하느님을 사랑해야 한다.' 둘째는 이것이다. '네 이웃을 너 자신처럼 사랑해야 한다.' 이보다 더 큰 계명은 없다."

결국 인간이 왜 살아야 하는지, 그리고 어떻게 살아야 하는가에 대한 기독교 하느님의 가르침은 지속가능발전의 세 가지를 달성하는 것이다. 온갖 생물을 선하게 관리하고(환경의 지속가능성), 이웃을 내 자신처럼 사랑하고(사회의 지속가능성), 그리고 포도밭에서 소출을 만들어내(성장의 지속가능성) 하느님을 기쁘게 하는 것이다. 이처럼 서구 문화의 뿌리인 기독교 성경 말씀대로라면 하느님이 창조하신 세상 만물의 선한 관리자로서 서로를 사랑하며 살아야 할 텐데 이와는 정반대로 살아온 것이다.

현재의 지구 생태위기에 대한 가톨릭의 입장을 봐도 그렇다. 프란치스코 교황은 환경 회칙 「찬미받으소서Laudato Si'」(2015)를 발표했다. 회칙은 현재의 생태 위기가 자연환경에만 국한되는 것이 아니라 하느님과 인간, 인간과 인간, 그리고 인간과 자연의 관계에 모두 관련되어 있다고 지적한다. 피조물에 대한 무자비한 지배는 자연환경과 생태계를 파괴할 뿐만 아니라 가난한 이들에게 더 큰 고통과 희생을 가져왔다. 그래서 생태위기는 곧 인간 생태의 위기로 이어지고 이는 하느님의 피조물에 대한 사랑을 배신하는 악덕이라고 밝힌다.

회칙은 현재의 위기를 해결하기 위해서 모든 인류가 회개하고 행동할 것을 선포한다. 모든 사람들이 그동안의 잘못을 깨닫고 뉘우치고 새로운 생활습관을 추구해야 한다는 것이다. 이를 통해 인간의 삶을 근본적으로 연결하고 있는 세 가지 관계, 곧 하느님과의 관계, 우리 이웃과의 관계, 지구와의 관계를 복원해야 한다고 말한다. 이처럼 프란치스코 교황의 환경 회칙 「찬미받으소서」는 위에서 살펴본 성경 말씀을 재확인한 것이다. 곧 인간은 하느님을 찬미(하느님과의 관계)하고, 이웃을 내 자신처럼 사랑(우리 이웃과의 관계)하고, 그리고 하느님의 창조물을 선하게 관리(지구와의 관계)하는 성경 말씀으로 돌아가야 한다는 것이다.

이렇듯 이웃과의 관계와 자연과의 관계를 복원하는 것이 바로 공동의 집을 보전하기 위한 호모 데우스의 담대한 전환이다. 특히 기독교에 뿌리를 두고 있는 서구 문화권의 선진 국가들이 책임을 통감하고 회개하며 담대한 생각의 전환을 해야 한다. 그렇다고 이들에게 모든 책임을 떠넘기고 있을 만큼 여유롭지 않다. 특히 중국, 일본, 한국을 비롯한 아시아 국가들도 산업화와 함께 서구의 가치, 제도, 문화를 받아들이면서 평균적인 소득수준은 높아졌으나 사회적 갈등과 양극화는 심화되고 생태환경은 파괴되고 있다. 이들이 내뿜는 온실가스 양도 서구를 추월하고 있는 상황이다.

유럽과 미국이 헬레니즘과 헤브라이즘을 뿌리로 하고 있는 문화권이라면, 아시아는 유교와 도교, 그리고 불교를 뿌리로 하고 있는 문화권이다. 유교는 '인仁'을 최고 이념으로 하는 일종의 윤리학으로 중국에서 시작하여 한국, 일본, 베트남 등의 동양사상을 지배해 왔다. 공자가 제시한 인이란 '인간다움'의 기본으로 다른 사람에 대한 사랑을 뜻하는데, 종교적인 무한한 사랑이 아니라 사회적 도덕성에 바탕을 둔 사랑이다. 공자는 인을 바탕으로 예禮를 제대로 실천하는 사람을 군자君子라고 불렀고, 자신의 사리사욕에 매어 있는 사람을 소인小人이라고 불렀다. 노자에서 시작된 도교의 핵심 경전인 『도덕경』은 사람이 행복하게 살려면 인위적으로 간섭하지 않고 자연스럽게 도道의 흐름에 따라야 한다고 가르친다. 그러므로 인생이나 우주에 가장 좋은 상태는 자연의 질서에 따라 사는 무위자연無爲自然으로 귀착된다. 이렇듯 유교가 인에 기초한 사람에 대한 사랑을 강조했다면, 도교는 도에 기초한 자연의 사랑을 강조했다.

부처님의 가르침을 따르는 불교의 가장 근본적인 사상인 연기설緣起說은 우주와 인생의 모든 존재와 현상은 인연因緣, 즉 원인因과 조건緣의 상호 결과에 의해 생겨나며 그 원인과 조건이 없으면 결과도 없다는 것이다. 인은 직접적인 원인을 말하고, 연은 간접적인 원인을 말한다.

꽃을 피우기 위해서는 직접적인 원인인 씨앗이 있어야 하고, 간접적인 원인인 바람이나 물, 토양이 있어야 한다는 것이다. 이처럼 우주의 모든 사물과 현상이 원인과 결과로 연결되어 있기 때문에 모든 존재는 인과 연의 상호 관계 속에서 끊임없이 생멸하고 변화한다. 나와 세상 모든 존재가 불가분적인 인연을 갖고 있다는 것을 자각하게 되면 세상의 모든 생명에 대한 경외심을 갖게 된다. 즉 연기설과 함께 불교의 또 하나의 근본적인 사상은 일체중생 실유불성一切衆生 悉有佛性 즉 우주의 모든 것에는 부처의 성질이 있으므로 모든 생명을 내 몸처럼 자비와 사랑을 베푸는 것이다. 때문에 불교의 첫째 계명은 "살생하지 마라"로 모든 생명을 내 몸처럼 자비(사랑)하고 평화롭게 공존하려는 그 마음이 곧 불심이라는 것이다.

요약하면, 유교, 도교, 불교의 영향을 많이 받은 아시아 문화는 인간과 인간, 그리고 인간과 자연이 독립될 수 없는 하나의 유기체로 보았다. 때문에 개인의 이익뿐만 아니라 사회의 공동이익을 중요시했고, 인간이 자연을 지배하기보다는 자연의 일부로 살았다. 그러나 근대 이후 서구가 주도한 산업혁명과 함께 서구의 자본주의화한 사상과 기독교 문화가 아시아를 포함한 전 세계에 영향을 주고 있다. 이 때문에 이 책에서 강조하고 있는 네 가지의 대변혁이 서구뿐만 아니라 아시아를 포함한 전 세계의 뉴노멀이 되고 있는 것이다.

저자는 동서양 사상의 우열을 얘기하고자 하는 것이 아니다. 인류는 이제 서구와 동양 사상의 근본 가르침으로 돌아가자는 것이다. 인류는 약탈적 물질주의 중심의 서구사상과 기독교 문화에서 벗어나 당초 기독교의 가르침인 "이웃을 사랑하고 자연을 선하게 관리"함으로써 창조주에게 감사하고 영광 드리는 마음으로의 담대한 전환을 해야 한다. 또한 인류는 동양사상인 유교의 인仁, 도교의 도道, 그리고 불교의 '일체중생 일체 평등' 정신으로 이웃과의 관계와 자연과의 관계를 복원하는 것이 바로 인류의 미래와 공동의 집을 보전하기 위한 길임을 깨달아야 한다.

2

제4의 길

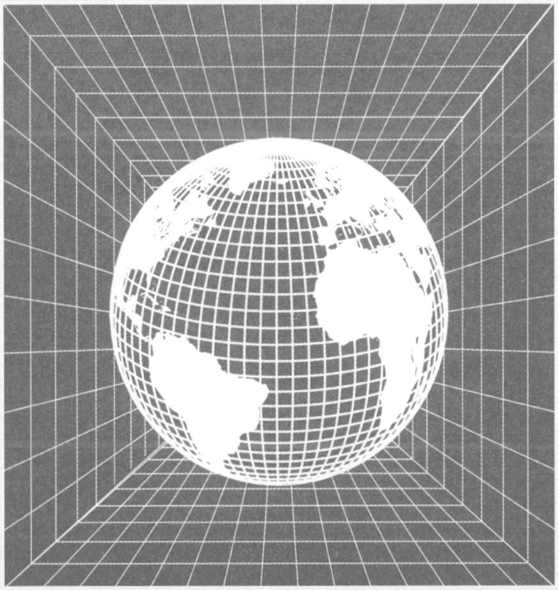

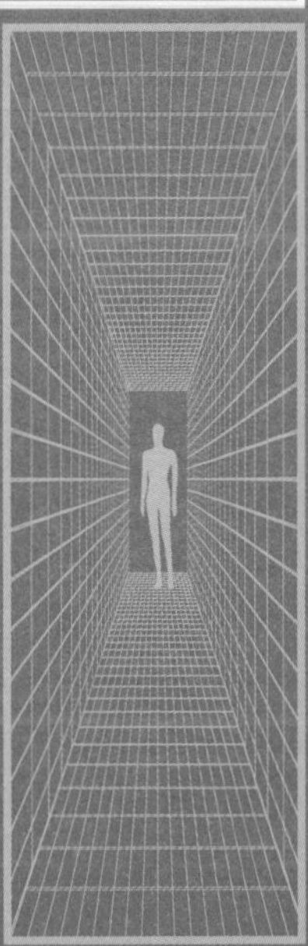

글로벌 거버넌스의 간단한 역사

두 번째 울트라 메가혁명인 산업혁명이 18세기 중엽에 시작됨과 동시에 경제학이라는 독특한 학문이 생겨났다. 경제학은 이때부터 경제뿐만 아니라 인류사회를 형성하는 세계관과 사고방식을 지배해 왔다.

"스스로 자기는 실용적인 인간이므로 그 어떤 이념에도 영향을 받지 않는다는 이들도 대개는 이미 오래전에 죽어 백골이 된 경제학자의 노예다."

– 존 메이너드 케인스

때문에 인류가 마주하고 있는 재앙을 피하기 위해서는 담대한 회개에 이어 글로벌 거버넌스에 영향을 주는 경제 이념의 담대한 전환으로 이어져야 한다.

초기 자본주의

산업혁명과 함께 인류는 자본주의에 기초한 시장경제라는 독특한 시스템을 도입해서 혁신적 기술의 발전과 기하급수적인 경제 성장을 이룩해냈다. 이를 이론적으로 뒷받침한 인물들은 『국부론』(1776)을 출판한 아담 스미스Adam Smith를 비롯, 데이비드 리카도David Ricardo, 알프레드 마샬Alfred Marshall 등의 고전학파 경제학자였다. 이들은 개인의 이익을 추구하는 시장이 자유롭게 작동하게 되면 '보이지 않는 손'에 의해 모든 사람들에게 이득이 되는 결과를 가져온다며 정부는 시장에 개입하지 말고 자유방임 상태로 내버려 두라고 주장했다. 또한 개인의 자유로운 거래뿐만 아니라 국가 간에도 자유로운 무역과 투자를 보장하는 것이 모두에게 이득이라고 주장했다. 그러나 이러한 자유방임적인 자본주의 체제에서 독점, 과점, 담합과 같은 불공정 사례가 판을 치고 노동자들은 저임금을 받으며 하루 15시간 이상 일했고 쉬는 날도 일요일 반나절뿐이었다. 고아원 아이들을 데려다 노예처럼 부리는 아동노동 착취도 심각한 문제였다.

사회주의

이와 같은 이유로 많은 사상가·정치가들이 초기 자본주의를 비판하고 대안을 제시했다. 대표적인 것이 카를 마르크스Karl Marx가 프리드리히 엥겔스Friedrich Engels의 도움을 받아 출판한 『자본론Das Kapital』(1867)이다. 마르크스에 따르면 자본주의 체제에서 상품 가격은 그 상품을 생산할 때 필요로 하는 노동 시간에 따라 결정된다. 그런데 노동자는 노동력 이외에는 아무것도 소유하지 못했으므로 이 유일한 소유물인 노동력을 팔아서 임금을 얻고 그것으로 생활을 유지해야 한다. 노동자의 가격인 임금에 상응한 노동이 '필요노동'이며, 이를 초과한 노동은 '잉여노동'이다. 잉여노동은 자본가가 '대가를 지불하지 않고' 자기 몫으로 만든 것으로 마르크스는 이를 '착취'라고 말했다. 잉여노동이 생산하는 생산물의 가치가 '잉여가치'이다. 자본가는 잉여가치의 일부분을 자본의 형태로 축적한다. 자본의 축적이 진척되면 생산력이 증대한다. 그러나 사회 전체의 자본이 증가함에 따라 노동자에게 임금으로 할당되는 비율은 지속적으로 감소하고 실업자는 증가한다. 결국 자본가(부르주아) 계급의 부의 축적은 노동자(프로레타리아) 계급의 빈곤으로 귀결된다. 자본주의 체제에서는 이 모순은 계속 확대되어 결국 프로레타리아 혁명이 일어나 자본주의는 멸망하고 사회주의가 건설된다는 것이다.

마침내 1917년 블라디미르 레닌Vladimir Lenin이 주도한 볼셰비키 혁명을 통해 소비에트 사회주의 공화국 연방(이하 소련)이 탄생했다. 그 후 동유럽과 북한, 중국, 쿠바, 베트남 등이 소련의 뒤를 이었다. 그러나 생산 수단의 국유화, 계획경제와 집단 농업, 사상교육을 통한 사회주의 건설혁명은 좌파 파시즘이라는 독재통치를 가져 왔고 '노멘클라투라nomenklatura'라는 특권계급이 생겨 새로운 형태의 빈부 격차가 나타났다. 게다가 계획경제의 비효율성과 개인의 소유권 부재에 따른 근로 의욕 저하로 사회주의는 서구 자본주의 체세와의 경쟁에서 뒤쳐질 수밖에 없었다. 결국 1991년 소련이 붕괴되고 구소련의 연방이었던 러시아를 비롯한 대부분의 공화국들은 그들이 적대시했던 자본주의 시장경제로의 체제 전환을 받아들였다. 동유럽의 다른 사회주의 국가들도 뒤를 따랐다. 중국과 베트남은 사회주의는 유지하되 계획경제 대신 시장경제 체제를 도입하는 방식으로 체제 전환을 했다. 이러한 사회주의의 몰락은 지구촌 전역을 자본과 시장의 논리로 편입시켰다.

수정 자본주의

자본주의 시장경제 체제도 시대에 따라 변화해 왔다. 보이지 않는 손 때문에 시장은 항상 옳다는 아담 스미스의 자유방임적 자본주의는 과도한 자본 집중과 소득불평등을 가져 왔고 결국 1929년 세계대공황을 야기했다. 세계대공황으로 기업들의 부도와 실업이 대량으로 발생하자 고전학파가 주장하는 시장의 완전성과 완전고용 이론은 힘을 잃게 되었다.

이때 등장한 것이 존 메이너드 케인스의 수정 자본주의였다. 『일반이론』(1936)에서 케인스는 시장에는 유효수요 부족이 일반적이므로 정부가 이를 보완하기 위해 적극적으로 확장적 재정 정책을 실시해야만 실업을 해소할 수 있다고 주장했다. 시장경제를 기본으로 하지만 정부가 적극적으로 시장에 개입해서 시장 실패를 교정해야 한다는 것이다. 마침내 사회보장은 시민의 권리이고 정부의 의무라는 복지국가 사상이 서구사회에 널리 받아들여졌다. 이는 사회주의 국가의 등장에 따른 서구 자본주의의 위기의식의 발로이기도 하고 케인스의 수정 자본주의 이론에 따라 정부의 국민생활 향상을 위한 개입이 정당한 것으로 받아들였기 때문이기도 했다.

신자유주의

그러나 1970년대 물가 상승과 실업이 동시에 나타나는 스태그플레이션으로 수정 자본주의는 힘을 잃었다. 정부의 재정 정책으로는 물가와 실업 문제를 동시에 잡을 수 없었기 때문이다. 이때 등장한 것이 고전학파의 사상을 잇는 신자유주의이다. 정부의 시장 개입은 필연적으로 비효율성, 즉 정부 실패를 가져오고 복지제도의 확충은 근로

의욕을 감퇴시키고 정부의 재정 부담을 확대시킨다는 것이다. 따라서 정부 규제를 축소하고 공기업을 민영화하고 노동시장을 유연화해야 하며 복지제도를 감축해야 한다고 주장한다. 1979년 영국의 총리가 된 마가렛 대처 수상은 1980년대 내내 "일하지 않고, 세금은 많고, 일자리는 없는 영국병"을 치유하겠다는 신자유주의 정책을 추진했다. 1981년부터 1989년까지 재임한 미국의 로널드 레이건 대통령도 레이거노믹스Reaganomics라는 정책을 기초로 감세와 정부규제 완화를 추진했다. 신자유주의는 고전학파 경제학자들과 같이 국내뿐만 아니라 국제적으로도 자유로운 경제 활동이 보장되어야 한다고 주장한다. 특히 상품뿐만 아니라 금융까지도 국경을 넘어 자유롭게 이동할 수 있어야 한다고 말한다. 신자유주의는 워싱턴 DC에 있는 미국 재무부, 국제통화기금IMF, 세계은행World Bank의 이른바 워싱턴 컨센서스Washington Consensus가 되어 1990년대 구 사회주의권에서 자본주의로 체제 전환하는 나라들과 빈곤국들의 지도 이념이 되었다. 그러나 이러한 정책들은 빈부 격차를 확대시키는 결과를 가져 왔다.

이러한 빈부 격차의 확대는 신자유주의에 대한 반대와 저항으로 이어졌다. 1999년 시애틀에서는 세계무역기구WTO 장관회의에 맞춰 세계화에 반대하는 시위가 벌어졌다. 값싼 외국 노동과의 경쟁에 밀린 노조, 글로벌 아웃소싱이 환경오염을 가져온다는 환경운동가들, 수입식품의 안전을 걱정하는 소비자 보호그룹, 개발도상국의 열악한 노동조건을 걱정하는 노동권리 그룹 등 다양한 그룹이 모였다. 실제 중국을 비롯한 신흥국들의 값싼 상품들이 미국에 수입되면서 미국 노동자들의 임금을 낮추고 실업률을 높였음은 여러 연구에서 확인되었다. 물론 값싼 제품의 수입은 소비자 가격을 낮춰 많은 소비자들에게 혜택이 돌아갔지만 더욱 큰 혜택은 기업, 즉 자본가들에게 돌아갔고 빈부 격차를 확대시킨 것도 사실이다. 중국으로부터 수입된 장난감에 납을 포함한 많은 양의 중금속이 포함된 것이 발견되기도 했다. 또한 세계화의 확산으로 선진국이 개발도상국으로 환경오염과 기후온난화를 가져오는 산업을 이전시킨다는 비판도 받아왔다. 중국의 탄소배출량이 미국을 추월한 것도 중국이 미국으로 수출하는 상품을 만드느라 그런 것이다.

2011년 9월에는 미국의 금융 중심가인 뉴욕 월가에서는 "월가를 점거하라Occupy Wall Street"는 구호를 외치며 시위가 벌어졌다. 이들은 빈부 격차의 심화와 금융기관의 부도덕성에 반발했다. 특히 미국을 경제 위기에 빠뜨리고서도 천문학적인 보너스를 챙기는 월가 최고 경영자들에게 분노했다. 시위대는 "미국의 최고 부자 1%에 저항하는 99%의 미국인의 입장을 대변한다We are 99%"고 주장했다. 시위대는 소득 불평등과 부의 불평등에 항의했고, 정치에 대한 기업의 영향력 감소, 보다 균형 잡힌 소득분배, 더 많은 일자리, 은행의 투기 거래를 줄이기 위한 개혁 등을 요구했다. 월스트리트를 점령하라는 시위는 1999년의 반 세계화 시위와 마찬가지로 지지 기반을 구축하지 못해 빠르게 소멸되었지만 두 가지 시위는 모두 미국뿐만 아니라 서구의 자본주의 체제가 사회적 반발로 지속가능하지 않을 수 있음을 분명히 보여주었다.

제3의 길

그동안 신자유주의의 대안을 찾는 시도가 없었던 것은 아니다. 영국 노동당 출신으로 1997년부터 2007년까지 영국 총리로 재임한 토니 블레어Tony Blair는 '제3의 길'을 내세웠다. 비슷한 시기에 집권한 독일 사민당의 게르하르트 슈뢰더Gerhard Schörder 총리, 프랑스 사회당의 리오넬 죠스팽Lionel Jospin 총리도 자본주의나 사회주의가 아닌 제3의 길을 추구했다. 비슷한 시기에 두 번째 집권한 미국의 빌 클린턴Bill Clinton 대통령도 이들과 비슷한 정치 철학을 갖고 있었다.

제3의 길은 런던정치경제대학의 앤서니 기든스Anthony Giddens 교수가 『제3의 길』(1999)에서 이론적 토대를 마련한 것이다.[2] 기든스 교수는 서구사회에서 부르주아와 프롤레타리아의 구분은 더 이상 의미가 없어졌으며 정치는 새롭게 등장하는 중간계급을 포괄하는 틀로 가야 한다고 주장했다. 국가나 시장은 이제 서로 상대방을 지배하는 것이 아니라 협력해야 하고 인류가 나아가야 할 새로운 모델로서 제3의 길을 모색해야 한다. 정부가 생산과 분배를 모두 결정하는 사회주의 사회에서는 정부가 국민을 지배한다. 이와 반대로 시장이 생산과 분배를 모두 결정하는 자본주의 사회에서는 시장이, 즉 자본이 국민을 지배

한다. 그러나 앞으로는 활력 있는 시민사회가 정치의 중심이 되어야 하고 정부와 시민사회 간에 진정한 파트너십이 만들어져야 한다. 기든스 교수는 시민사회가 국경을 넘어서도 서로 협력해야 한다고 주장한다. 폐쇄적인 민족주의나 인종중심주의를 넘어 '범지구적 민주주의'로 열려 있는 국제연대를 만들어야 한다.

제3의 길은 새로운 정치 철학으로서 서구 유럽뿐만 아니라 세계의 많은 정치 지도자와 학자들에게 반향을 불러 일으켰다. 그러나 제3의 길은 케인스주의와 신자유주의를 대체하는 체계적인 대안을 제시하지 못한다는 비판을 받았다. 가진 자와 가지지 못한 자 사이에 가짜 연합을 구성하려는 기회주의적 이데올로기라는 비판도 받았다. 게다가 제3의 길이 케인스주의와 신자유주의와 마찬가지로 생태 위기와 기후 위기에 대해서는 거의 관심을 두지 않았다는 점은 아쉬운 점이다. 특히 제3의 길이 처음 등장하던 때가 유엔기후변화협약UNFCCC과 생물다양성협약CBD이 1992년에 채택되었고, 교토의정서가 1997년 채택되는 등 기후온난화를 저지하고 생물다양성을 보전하려는 국제사회의 노력이 본격화되던 시점임을 비추어 볼 때 더욱 그렇다.

탈성장주의

지금부터 50년 전 로마클럽은 『성장의 한계』(1972)를 출판하면서 전 세계적으로 큰 반향을 일으켰다.[3] 저자들은 인구 급증, 급속한 산업화, 식량 부족, 환경오염, 자원 고갈 등 다섯 가지 문제로 현재(1972)의 생활방식이 계속된다면 세계의 경제 성장은 100년 이내에 멈출 수밖에 없을 것이라고 경고했다. 로마클럽은 이러한 비극적 결말을 피하기 위해 인간 행동과 사회시스템의 근본적인 전환이 필요하다고 주장했다. 그럼에도 기술의 급속한 발전 덕분에 자원 고갈이나 식량 부족 현상이 나타나지 않자 로마클립의 경고는 많은 비판을 받았다.

그러나 자연 생태계는 점점 더 크게 훼손되고 지구온난화가 빠르게 진행되고 있음이 확인되면서 로마클럽의 경고가 다시금 주목받고 있다. 특히, 자본주의도, 사회주의도, 제3의 길도 아닌, 탈성장degrowth을 주장하는 사람들이 늘고 있다. 탈성장을 주장하는 사람들은 우리가 사는 자본주의 사회에서 경제 성장은 필연적으로 환경 파괴와 기후위기를 가져오기 때문에 이를 멈추기 위해서는 성장을 멈춰야 한다고 말한다.

탈성장의 대표주자라고 할 수 있는 바르셀로나 자치대학 요르고스 칼리스Giorgos Kallis 교수는 오늘날의 경제 성장에 대한 끝없는 강박은 인간 본성이 아니라 자본주의라는 사회문화 시스템에서 비롯된 것이라고 주장한다.[4] 환경 파괴의 원인이 개인의 이기심 때문이 아니라 약탈적 자본주의의 성장에 대한 압박 때문이라는 것이다. 또한 칼리스 교수는 웰빙wellbeing은 자본주의 주류경제학이 주장하는 것과 같은 소득의 함수가 아니라고 주장한다. 그렇기 때문에 탈성장, 즉 생산과 소비를 줄여도 웰빙이 줄어들지 않는다는 것이다. 칼리스 교수는 경제 성장 없는 그린뉴딜Green New Deal, 기본소득과 기본서비스(보건의료와 교육 등), 유무형의 공유자원인 커먼스Commons 되찾기, 노동시간 단축, 탈성장을 위한 공공재정 마련을 탈성장의 5대 과제로 제시한다.

바르셀로나 자치대학 제이슨 히켈Jason Hickel 교수 역시 끝없는 성장을 추구하는 자본주의야말로 진정한 문제의 원인이라고 지적한다.[5] 그는 자본주의 경제가 갑자기 성장을 멈추게 되면 사람들이 큰 고통을 겪게 되므로 계획적인 탈성장이 필요하다고 주장한다. 이를 위해서는 안전하고 공정하며 공평한 방식으로 경제를 살아있는 세계와 균형을 되찾도록 하기 위해 과잉에너지와 자원 사용을 계획적으로 줄일 수 있는 새로운 시스템으로 진화가 필요함을 강조한다.

파리 제II대학 세르루 라투슈Serge Latouche 명예교수는 기하급수적인 경제 성장은 생태발자국의 지속가능한 수준을 넘어선 경제 성장이기 때문에 지속적인 성장이 불가능하다고 주장한다.[6] 라투슈 교수는 행복의 바람직한 상을 '연대사회의 검소한 풍요'로 정의하며 합리적인 욕구 수준을 넘어선 과잉 소비사회로부터 탈출해야 한다고 했다.

영국 옥스퍼드대 케이트 레이워스Kate Rayworth 교수는 21세기 경제학으로서 『도넛 경제학Doughnut Economics』을 제안한다.[7] 도넛의 안쪽 고리와 바깥쪽 고리 사이의 균형을 이루는 영역만이 인류가 머물 안전하고 정의로운 공간이므로 여기에서 인간의 필요와 욕구를 충족해야 한다는 것이다. 도넛의 안쪽 고리는 형평성, 건강, 교육, 식량 등 인간의 존엄성을 지키는 기준인 사회적 기초로 본다. 그리고 바깥쪽 고리는 기후 변화, 생물다양성, 해양 산성화, 대기오염 등 생태적 한계로 정의한다. 레이워스가 제안하는 일곱 가지 사고방식 중 첫 번째가 경제 목표를 GDP 대신 도넛의 균형으로 바꿔야 한다는 것이고 일곱 번째가 경제 성장이라는 맹신을 버려야 한다는 것이다.

생태주의는 지구 생태계의 훼손과 기후온난화에 대한 반성에서부터 시작한다. 생태주의는 무엇보다 인간 중심의 사고로부터 오늘날의 재앙이 비롯되었다고 파악한다. 따라서 인간 중심적 사고를 거부하고 인간 또한 생태계의 일부로서 자연과 상호관계를 맺는 존재에 불과하다는 점을 강조한다. 이와 같은 경향은 인간이 이룩한 문명에 대한 거부로 이어져 극단적인 근본 생태주의자들은 인간의 인위적인 생산과 소비 활동을 모두 혐오하는 탈성장주의 행태를 보이기도 한다.

이들은 또 인류세라는 용어가 지구의 파국적 상황이 우리 인간 모두의 책임이고 따라서 다 같이 해결책을 찾아야 한다는 점을 내포하고 있다는 점에 대해서 비판한다. 현재의 기후 위기는 우리 인간 모두의 책임이라기보다는 앞서 산업화를 이룬 서유럽 국가들과 미국과 같은 소위 선진국들의 책임이고, 더욱이 노동자 계층보다는 자본가 계급의 책임이고, 산업화의 틀인 자본주의의 책임이라는 것이다. 이러한 주장을 하는 사람들은 현재의 지구 생태위기 상황을 인류세 대신 자본세Capitalocene로 칭한다.[8]

지구상에는 많은 사람들이 빈곤과 기아로 허덕이고 있으며 일자리와 소득이 없어서 최소한의 인간의 존엄성을 지키지 못하고 있다. 탈성장주의는 근본적 가치관의 변화를 추구하지만 성장의 종류와 상관없이 성장은 무조건 멈추자는 의미로 받아들여져 대중의 지지를 받지 못하고 있다. 실제 성장을 멈추게 되면 취약계층의 삶의 질이 악화될 수밖에 없다. 경제 성장이 일어나지 않는다면, 실업, 빈곤층의 증가, 최소한의 삶의 질을 보장하는 보건·교육·문화 등의 영역에 이르는 복지정책의 후퇴를 가져오기 때문이다. 그럼에도 불구하고 탈성장주의는 분명 자본주의 하에서 경제 성장 제일주의에 대한 문제점과 경제 성장을 측정하는 지표로서의 GDP의 문제점을 지적하는 데 있어서 그 가치를 인정받을 만하다. 또한 웰빙이 단순히 소득과 소비의 함수만이 아님을 지적하고 대안을 제시하려는 점에 있어서도 그 가치를 인정받을 만하다.

비전과 목표

비전

산업혁명 이후 매우 다양한 스펙트럼의 경제사상이 인류의 삶에 영향을 미쳐 왔다. 변하지 않는 진리는 '모든 것이 변한다'는 것이다. 저자는 네 가지의 뉴노멀인 디지털혁명, 인구 고령화, 사회 양극화, 기후 위기에 마주하고 있는 인류가 가야 할 새로운 길, 제4의 길을 제시하고자 한다.

제1의 길은 초기 자본주의부터 신자유주의에 이르는 길이다. 이 길은 사회 양극화를 심화시키고 환경 파괴와 기후 위기를 불러와 더 이상 지속가능하지 않은 길이다. 제2의 길은 구소련의 실험이 보여 주었듯 실패로 끝난 독재 사회주의의 길이다. 이 길은 독재통치와 특권계급의 등장으로 내세웠던 사회적 형평성을 악화시켰고, 비효율성과 근로의욕 저하로 자본주의와의 성장 경쟁에서도 패배했다. 게다가 사회주의에 시장경제를 접목시킨 중국과 베트남에서 보듯 환경 파괴와 기후 위기에도 책임을 피하기 어렵다.

제3의 길은 시장이 국민을 지배하는 자본주의도 아니고, 정부가 국민을 지배하는 사회주의도 아닌 길이다. 이 길은 중도 우파의 정책과 중도 좌파의 정책을 종합하는 중도주의적 길이다. 정부와 시장이 서로 협력하며, 중간 시민계급이 정치의 중심이 된다. 그러나 1990년대 말부터 2000년대 초에 반짝 시도되었던 제3의 길은 생태환경과 기후 위기 문제를 포용하지 못했다. 한편, 최근 관심 받고 있는 탈성장주의는 생태환경의 보전을 위해서 성장은 무조건 멈추자는 의미로 받아들여져 대중의 지지를 받지 못하고 있을 뿐만 아니라 대량 실업 증가와 빈곤층 증가와 같은 희생도 감수하겠다는 것으로 비춰져 노동자들의 지지도 받지 못하고 있다.

제4의 길은 극단적인 신자유주의도 아니고, 실패로 끝난 전통적 사회주의도 아니며, 생태환경의 가치를 포용하지 못한 제3의 길도 아니고, 생태환경 보전을 위해서는 모든 종류의 성장을 멈추겠다는 탈성장주의도 아니다.

제4의 길의 현재뿐만 아니라 미래를 사는 인류 모두가 지속가능한

	제1의 길	제2의 길	제3의 길	탈성장주의	제4의 길
이데올로기	자본주의 -신자유주의	사회주의	자본주의와 사회주의의 융합	생태주의	자본주의, 사회주의, 생태주의의 융합
최우선 목표	경제 성장	분배	성장과 분배의 융합	환경 보전	참 성장, 분배, 환경을 융합하는 지속가능한 참 발전
중심 세력	시장	정부	시장과 정부의 파트너십	시민사회	시장, 정부, 시민사회-생태계의 다중적 파트너십
비판	사회 양극화, 환경과 기후 위기	독재 통치, 비효율성	기회주의적 이데올로기, 환경에 대한 고려 없음	탈성장에 따른 대안이 모호	

그림 2-1 **제4의 길과 기존 이데올로기 비교**

행복사회로 가는 길이다. 즉 현대를 사는 인류 모두뿐만 아니라 미래 세대 그리고 지구상의 모든 생태환경이 서로 동등한 가치를 인정하고, 지속적으로 포용하고 상생하는 '지속가능한 참 발전Sustainable True Development'을 비전으로 하는 길이다(그림 2-1).

3대 목표

'지속가능한 참 발전'은 3대 목표로서 ①지속가능한 경제Sustainable economy, ②지속가능한 사회Sustainable Society, ③지속가능한 환경

Sustainable Environment을 추구해야 한다.

① 지속가능한 경제

제4의 길은 지속가능한 '참' 발전을 위해 물가를 안정적으로 유지하면서 완전고용을 달성하는 '참' 성장을 단기뿐만 아니라 장기적으로 계속해서 달성하는 지속가능한 경제를 추구한다. 지속가능한 경제는 자원을 남용하거나 농지나 습지를 훼손해서 장기적인 생산과 소비능력을 손상시키지 말아야 한다. 지속가능한 경제는 또한 역사적으로 경험한 1929년의 세계대공황, 2000년의 닷컴 버블 붕괴, 2008년의 글로벌 금융위기, 2022년 시작된 인플레이션과 경기 침체와 같은 거대한 위기가 없는 경제를 의미한다. 이를 위해서 과도한 정부 지출로 정부 부채를 키우고 인플레이션을 유발하여 결국 긴축적인 재정 및 통화 정책으로 경기를 급격히 위축시키고 실업을 증가시키는 것과 같은 상황을 만들지 말아야 한다. 대신 현재 진행 중인 디지털혁명을 적극 포용해서 지속적으로 성장할 수 있는 건강한 경제 체질을 만들어야 한다. 아울러 빠르게 진행되고 있는 인구 고령화가 급작스러운 경기 침체로 나타나지 않도록 경제를 관리하는 것도 필요하다.

'참' 성장은 일반적인 성장과 다르다. 일반적으로 경제성장률은 GDP 성장률로 계산되는데, GDP는 국민 삶의 질의 총계 또는 국민 행복도의 총계처럼 취급되는 경향이 있다. 그러나 GDP에는 쌀이나 빵과 같이 필요한 상품Goods뿐만 아니라 담배와 같이 건강에 유해한 상품Bads의 시장가치도 포함된다. 독일이나 네덜란드와 같이 매춘이 합법인 나라에서는 매춘도 하나의 산업으로 보고 매춘의 거래금액이 GDP에 포함된다. 뿐만 아니라 화재가 발생하면 이를 수습하고 재건하는 비용부터, 전쟁이 발발하면 군비를 증가하는 비용까지 포함한다. 화재가 발생하고 전쟁이 발발하면 삶의 질은 분명히 떨어짐에도 말이다. 석탄화력발전소를 건설하는 것도 GDP에 포함된다. 이러한 경제 활동이 지구의 표면 온도를 높이고 기후 위기를 불러와 삶의 질이 떨어뜨림에도 말이다.

앞서 설명한 것처럼 많은 학자들과 단체들이 GDP의 대안지표들과 제시해 왔다. 그러나 이들 대안 지표들은 대부분 경제지표인 GDP에 사회복지와 환경적인 측면에서의 지표를 추가·보완한 것이다. 때문에 이들 지표들은 경제 활동을 측정하는 GDP의 대안지표라기보다는 삶의 질 또는 행복지표이다. 당연히 삶의 질 또는 행복지표를 측정하는 것은 나름의 의미가 있으나 우선적으로 순수하게 삶의 질을 높이는 경제 활동을 측정할 필요가 있다.

그동안 제시된 많은 GDP 대안지표 중에 참성장지표GPI: Genuine Progress Indicator가 GDP에서 환경 및 사회적 비용을 뺀 것으로 순수한 경제 활동 규모를 나타내는 지표에 가깝다.[9] 예를 들어 일반적인 GDP는 오염이 생성될 때(상품의 생산 증가로 인해) 한 번 증가하고 오염이 정화될 때 또 한 번 증가한다. GPI는 초기에 생성되는 오염을 손실로 계산한다. 손실의 크기는 오염을 나중에 정화하는 데 드는 비용과 그동안 오염이 미칠 부정적인 영향의 비용을 합한 것이다. 즉, 생산총액에서 오염에 따른 총비용을 감액하는 방식이다. 국가를 회사와 비교한다면 GDP는 총이익이고 GPI는 총이익에서 비용을 뺀 순이익이라고 할 수 있다.

$$GPI = C_{adj} + G + W - D - S - E - N$$

C_{adj} = 소득분배를 감안한 개인 소비

G = 자본 증가

W = 후생에 기여하는 비시장적 서비스의 가치(예: 가계 노동, 자원봉사 등)

D = 환경 악화에 따른 방어적 개인 지출

S = 사회적 자본 감소(예: 범죄 비용, 가족 해체, 레저시간 감소)

E = 환경 훼손 비용

N = 자연 자원 감소

제4의 길은 일반적으로 사용하는 GDP가 아니라 GPI의 지속가능한 성장을 통해 고용을 창출하는 '참 성장'을 추구한다. 화석연료를 사용하는 승용차는 줄여야 하고(탈성장 해야 하고), 재생에너지를 사용하는 대중교통과 주택 등은 늘려야 한다(성장해야 한다). 『적을수록 풍요롭다』의 저자 제이슨 히켈도 경제의 어떤 부문들이 여전히 확대될 필요가 있고, 어떤 부문들이 축소돼야 한다며 선별적인 성장의 필요성을 인정한다. 그러나 이를 모두 뭉뚱그려 탈성장이라고 함으로써 참 성장의 중요성을 놓치고 만다. 화석연료에 기반을 둔 산업화는 분명 '탈' 성장이 맞다. 그러나 신재생에너지에 기반을 둔 디지털사회로의 전환을 통한 성장은 더욱 강력히 추구해야 한다.

② 지속가능한 사회

지속가능한 사회란 사회를 구성하는 다수의 사람들이 사회를 전복하려 하는 내신 현재의 사회 시스템을 평화롭고 민주적인 절차에 따라 개선해 나가는 사회이다. 평등, 자유, 민주, 인권, 공평이라는 다섯 가지가 지속가능한 사회의 중요한 가치이다. 지속가능한 사회는 모든 사람이 평등하고, 자유와 인권이 보장되며, 기회는 공평하게 분배될 때 얻어지는 것이기 때문이다.

아울러 지속가능한 사회는 급속히 발전하고 있는 디지털기술이 만들어내는 디지털 상품과 디지털 서비스가 고용시장과 조화를 이룰 수 있도록 하여 디지털 디바이드digital divide가 아닌 디지털 하모니digital harmony를 만들어내는 사회이다. 이를 위해서는 디지털혁명을 사회의 모든 계층이 함께 만들고 함께 혜택을 나눌 수 있어야 한다. 특히 저소득 계층과 노인 인구가 디지털혁명에서 소외되지 않도록 해야 한다.

③ 지속가능한 환경

지속가능한 환경은 현재세대가 누리고 있는 지구의 자연자원과 환경 서비스를 미래세대도 누릴 수 있도록 보전되는 생태환경을 말한다. 만일 인간의 환경 부하environmental pressure가 생태환경이 제공하는 생태 용량ecological carrying capacity보다 더 크다면 생태환경은 더 이상 지속가능하지 못하다. 오직 환경 부하가 생태 용량보다 작을 때에만 생태환경은 지속가능한 것이다.

예를 들어 인간이 생산과 소비 활동에서 배출한 온실가스(이산화탄소, 메탄, 이산화질소, 수소불화탄소, 과불화탄소, 육불화황)의 총량이 산림과 바다와 같은 생태환경이 흡수할 수 있는 양보다 많아지면 대기권에 온실가스가 누적되어 지구온난화의 원인이 되고 기후 위기를 불러오는 것이다. 때문에 모든 온실가스 총량이 흡수량과 같게 해 순net 배출량을 제로(0)로 만드는 넷제로Net zero를 달성해야 지속가능한 생태환경이 되는 것이다. 무엇보다 인간이 전 세계에서 배출한 온실가스 중 79%를 차지하는 이산탄소의 배출량이 흡수량과 같게 하는 탄소 중립이 지속가능한 생태환경을 만드는 데 중요하다.

4대 원칙

제4의 길은 '지속가능한 참 발전'을 다음과 같은 4대 원칙으로 추진한다.

1. 자본, 사회, 환경의 협력과 공생

- 상대방을 배제하거나 지배하는 것이 아니라 모두가 이기는 협력과 공생
- 합리적 보수주의, 합리적 진보주의, 합리적 생태주의를 모두 포용

2. 시민사회가 정치의 중심

- 공공-민간 파트너십, 인간-생태 파트너십 구축
- 기성세대뿐만 아니라 미래세대의 개방적 참여

3. 디지털혁명을 적극 포용

- 디지털기술을 경제 성장뿐만 아니라 사회의 지속가능성과 환경의 지속가능성을 높일 수 있는 수단으로 적극 활용

4. 범지구적 연대

- 종교, 인종, 민족을 넘어 민주적이고 열려 있는 범지구적 연대 결성

〈그림 2-2〉는 '지속가능한 참 발전'의 비전, 목표, 성장 전략, 4대 원칙을 정리한 것이다.

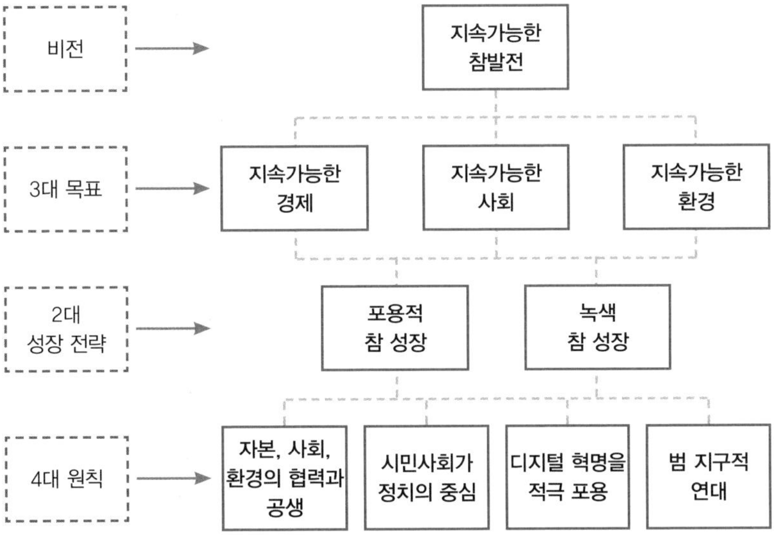

그림 2-2 '지속가능한 참 발전'의 비전, 목표, 성장 전략, 4대 원칙

포용과 녹색의 참 성장

지속가능한 발전은 1987년 UN의 우리 공동의 미래 보고서에서 처음 제시된 개념이다. 이후 UN을 비롯한 국제사회가 '지속가능발전'을 추구해 왔음에도 불구하고 성과는 실패에 가깝다. 이는 무엇보다 지속가능발전의 3대 축인 경제 성장의 지속가능성, 사회의 지속가능성, 환경의 지속가능성을 동시에 달성할 수 있는 일석삼조의 정책 수단이 없을 뿐더러 한 가지 목표를 추구하면 종종 다른 목표와 상충된다. 경제 성장만을 추구하면 사회형평성을 악화시키거나 생태환경을 훼손하는 결과를 가져온다. 사회형평성이나 생태환경의 보전만을 추구하면 경제 성장과 고용에 악영향을 줄 수 있다. 이른바 지속가능발전의 트라일레마Trilemma 상황이다.

이 때문에 사상가들과 정치인들은 이데올로기에 따라 지속가능발전의 세 개 목표 중 한 가지에 주로 집중해 왔다. 신자유주의자들은 파이를 키우는 경제 성장에만, 사회주의자들은 파이를 나누는 것에만, 탈성장주의자들은 파이를 키우는 것을 멈추고 생태환경을 보전하는 데에만 집중한다.

이런 가운데 유엔 회원국들은 반기문 사무총장 시절인 2015년 지속가능발전에 관한 중요한 합의를 했다. 지속가능발전의 세 개 목표를 17개의 지속가능발전목표SDGs: Sustainable Development Goals로 나누어 2016년부터 2030년까지 이들 목표를 달성하기 위해 전 지구적으로 노력하기로 한 것이다(그림 2-3). 17개의 SDGs를 지속가능발전의 세 개의 축으로 분류하면 다음과 같다.

경제의 지속가능성: 1, 2, 8, 9, 12

사회의 지속가능성: 3, 4, 5, 10, 16

환경의 지속가능성: 6, 7, 13, 14, 15

다만 11번 '도시, 공동체'는 경제, 사회, 환경의 지속가능성 모두에 해당하고, 17번 '파트너십'은 다른 모든 목표를 달성하기 위한 국제사회의 협력을 의미한다.

그림 2-3 유엔의 지속가능발전목표(SDGs)

그러나 지속가능발전의 세 개의 목표가 서로 상충되는 것처럼 17개 목표는 서로 상충될 수밖에 없다. 이 때문에 제4의 길은 지속가능발전의 세 개 목표들 중에 두 개의 목표를 동시에 달성할 수 있는 윈-윈 성장 전략을 추구한다. 첫 번째는 포용적 참 성장Inclusive genuine growth 전략이고 두 번째는 녹색 참 성장Green genuine growth 전략이다. 포용적 참 성장과 녹색 참 성장은 이미 세계은행, IMF, OECD, APEC 등의 국제기구들이 추진 중인 개념인 포용 성장과 녹색 성장과 유사하나, 포용적 참 성장과 녹색 참 성장은 일반적인 GDP가 아니라 앞서 설명한 참 GDP의 성장을 추구한다는 점에서 다르다. 정의는 국제기구나 학자마다 조금씩 다르지만, 경제 성장이 사회적 지속가능성을 높여야 하고(포용 성장), 환경의 지속가능성을 높일 수 있어야 한다(녹색 성장)는

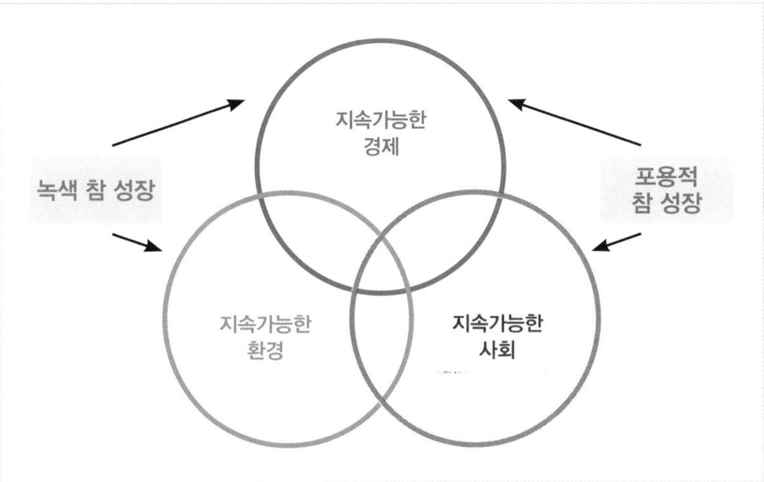

그림 2-4 **'지속가능한 참 발전'을 위한 2대 성장 전략**

것이다.

탈성장주의자들은 포용 성장이나 녹색 성장과 같이 성장 앞에 어떠한 형용사를 붙여도 자원의 고갈과 환경 파괴를 가져오기 때문에 유해하다고 주장한다. 녹색 성장은 녹색(환경)을 이용한 성장주의자들의 이윤추구 전략일 뿐이라고 비판하기도 한다.

제4의 길은 '지속가능한 참 발전'을 위해 포용적 참 성장을 두 개의 성장 전략으로 추구한다. 포용적 참 성장 전략은 지속가능한 경제와 지속가능한 사회라는 두 가지 목표를 동시에 달성할 수 있는 전략이다. 녹색 참 성장 전략은 지속가능한 경제와 지속가능한 사회라는 두 가지 목표를 동시에 달성할 수 있는 전략이다(그림 2-4).

포용적 참 성장

포용적 참 성장은 지속가능한 경제와 지속가능한 사회라는 두 가지 목표를 동시에 달성할 수 있는 성장 전략이다. 이를 위해서는 결과의 형평성보다 '기회의 형평성'을 높이는 정책을 필요로 한다.

포용적 참 성장은 무엇보다 교육 기회의 형평성을 높여야 한다. 왜냐하면 교육 기회를 높이게 되면 사회적 형평성을 높일 뿐만 아니라 인적자원의 질적 수준을 높임으로써 지속가능한 참 성장이 가능하기 때문이다. 이를 위해 특히 소득이나 거주 지역에 상관없이 누구나 양질의 교육을 받도록 해야 한다. 디지털혁명 기술을 선도하거나 적응하는 사람들과 그렇지 못하는 사람들 간의 사회 양극화를 더욱 커질 가능성이 매우 높다. 때문에 모든 사람들이 디지털사회에 잘 적응할 수 있도록 하는 디지털교육의 형평성을 특히 높여야 한다. 늘어나는 노인 인구도 디지털사회에 적응할 수 있도록 이들에 대한 디지털교육을 강화하는 것도 중요하다.

동시에 경제 활동 기회의 형평성도 높여야 한다. 왜냐하면 경제 활동 기회를 높이게 되면 사회적 형평성을 높일 뿐만 아니라 인적자원이 낭비 없이 효율적으로 배분됨으로써 지속가능한 참 성장이 가능하기 때문이다. 특히 참 GPI를 구성하는 '좋은' 경제 활동에 참여할 수 있는 기회가 공평하게 주어져야 한다. 이를 위해 여성과 남성이 육아와 가사 일을 공동으로 부담하고 여성이 출산을 이유로 직장에서 불이익을 받지 않도록 해야 한다. 동시에 스타트업과 중소기업들이 대기업과 상생할 수 있는 경제 생태계가 마련되어야 한다. 특히 AI로봇의 능력이 기하급수적인 속도로 높아지면서 인간은 육체적 노동뿐만 아니라 정신적 노동까지도 일자리를 잃어버릴 가능성이 커지고 있다. 때문에 인간만이 할 수 있는 새로운 일자리 만들기, 기존 일자리의 나눔과 같은 정책도 지속가능한 디지털사회로의 전환을 돕는 포용적 참 성장 전략의 하나이다.

포용 성장은 기업의 역할도 중요하다. 한때 기업들에게 사회적 책임을 강요하는 것은 기업의 재무성과에 부정적인 영향을 미치고 이는 결국 경제 전반의 고용과 성장에 피해를 줄 것이라 견해가 지배적이었다. 그러다가 20세기 후반 이후 기업의 의사결정에 환경과 사회적 문제를 고려하는 것이 기업들의 성과에도 긍정적인 영향을 미친다는 연구 결과들이 속속 발표되었다.[10] 아울러 기업들의 환경과 사회적 책임에 대한 환경단체와 사회단체들의 압력이 커지고 있다.

이러한 연구 결과와 사회적 분위기에 편승하여 기업의 사회적 책임, 환경의 지속가능성, 그리고 지배구조를 지표화하여 관리하는 ESG Environmental, Social, and Governance가 책임 있는 투자 responsible investment를 하려는 투자자들의 관심을 받고 있다. ESG가 회사의 장기 성과와 연관 있다는 인식이 증가하면서 블랙록 BlackRock, JP모건체이스 JPMorgan Chase, 웰스파고 Wells Fargo, 골드만삭스 Goldman Sachs와 같은 투자 회사들은 기업들의 ESG 성과를 추적해서 발표하고 있다.

ESG라는 용어는 2005년 'Who Cares Wins' 컨퍼런스 연구에서 처음 만들어졌다.[11] ESG의 '환경E'은 회사가 탄소 또는 지속가능성 보고서를 발행하는지, 유해한 오염 물질 및 화학 물질을 제한하고 있는지, 온실가스 배출량을 낮추기 위한 노력을 하는지, 재생 가능한 에너지원을 사용하는지, 동물복지를 위한 노력을 하는지 등이 포함된다. 또한 회사가 직면할 수 있는 환경 위험과 회사가 이러한 위험을 관리하는 방법도 포함된다. 예를 들어, 오염된 토지의 소유권, 유해 폐기물 처리, 독성 배출 관리, 환경 관련 정부 규정의 준수 등이다.

사회적 기준S은 회사의 비즈니스 관계를 평가한다. 공급 업체와의 협력은 어떠한지, 수익의 일정 비율을 지역사회에 기부하는지, 직원들이 지역사회에서 봉사활동을 하도록 독려하는지, 회사의 근무 조건이 직원의 건강과 안전을 충분히 고려하는지, 다른 이해 관계자의 이익을 고려하는지 등이다.

지배구조G는 회사가 정확하고 투명한 회계 방법을 사용하고 있는지, 회사의 이해 상충을 피해 이사회가 다양한 구성원을 포함하고 있는지, 부당한 이익을 위해 정치적 기부를 하고 있는지, 불법 행위에 가담하는지 등이다.

기업들은 ESG에 열거된 것과 같이 공급 업체와의 호혜적인 협력, 지역사회에 대한 기부와 봉사, 직원의 건강과 안전에 대한 배려 등과 같은 사회적 책임을 다 함으로써 장기적인 성장과 이익을 극대화할 수 있음을 깨달아야 한다. 아울러 개인 투자자들은 이러한 기업들을 선별해서 투자하는 것이 더욱 큰 이익을 얻을 수 있을 것이다. 이러한 투자 환경에서 기업들은 더더욱 사회적 책임을 다하려 함으로써 국가적으로는 지속가능한 참 성장과 지속가능한 사회를 만들 수 있을 것이다.

디지털혁명은 전 세계 빈곤국가에 사는 수십억 명의 사람들의 삶도 바꾸는 획기적인 게임 체인저 역할을 할 수 있다. 컴퓨터, 스마트폰과 같은 디지털 기기와 초고속 인터넷망의 보급은 빈곤국의 경제 성장에 기여할 뿐만 아니라 주민들이 세계 정보에 쉽게 접근할 수 있도록 해서 인권과 성차별에 대한 문제의식을 높일 수 있다. 위생에 대한 정보를 쉽게 얻어 건강을 증진시킬 수 있고 교육의 효율성도 높일 수 있다.

아프리카 대부분 지역에는 은행을 찾기 힘들다. 이들 국가에서 핸드폰과 같은 디지털 기기의 보급은 금융 서비스의 접근성을 높일 수도 있다. 케냐에서 2000년대 후반 도입된 M-Pesa라는 모바일 머니 서비스가 대표적인 성공 사례이다.[12] (Pesa는 스와힐리어로 돈을 의미하고 M은 mobile을 의미한다.) 선진국에서 사용하는 대부분의 모바일 뱅킹 앱은 은행이나 신용카드에 연결해야 하므로 그중 하나가 없는 사람은 사용할 수 없다. 그러나 M-Pesa의 모바일 뱅킹 앱은 은행 계좌가 필요 없다. 대신, 사람 에이전트를 사용한다. 이들은 외딴 시골 지역을 포함하여 전국의 주요 위치에서 현금과 휴대폰을 가지고 다니는 사람들이다. 모바일 뱅킹 가입자가 본인의 핸드폰에 비밀번호 입력 후 현금 인출을 요구하면 가까운 곳에 있던 에이전트가 가서 서로의 핸드폰으로 결제하고 현금을 지급하는 방식이다. 에이전트는 대부분의 선진국에서 볼 수 있는 현금인출기ATM와 같은 기능을 하는 것이다. 즉 에이전트에게 가서 현금을 주어 모바일 머니 계좌에 돈을 입금하거나 계좌에서 돈을 이체하여 현금을 받는 것이다.

케냐에서는 현재 전체 가구의 96%가 이 서비스를 사용하고 있다. 이웃국가인 우간다에서도 이러한 모바일 머니 서비스가 빠르게 확산되고 있다. 은행 계좌나 은행 지점이 거의 없는 국가에서도 핸드폰만을 가지고 필요할 때 현금을 사용할 수 있고 필요하지 않을 때 안전하게 예금할 수 있는 면에서 개인의 삶의 질을 높이고 경제 발전에도 도움을 주고 있다. 이전에는 대부분의 빈곤 가정은 소득이 떨어지면 먹고 마시는 기본적인 소비마저도 어려웠지만 모바일 머니를 사용할 수 있게 되면서 빈곤 가정도 안정적인 삶을 살 수 있게 되었다. 돈을 절약해서 저축하기 위해 더욱 열심히 일하려는 동기가 생기고 돈이 일시적으로 부족해지면 가족이나 친구로부터 송금을 받을 수 있게 된 것이다. 여러 연구에 따르면 이러한 모바일 머니 시스템의 확산이 일인당 소비 수준을 높이고 많은 가구들을 빈곤에서 벗어나게 하고 있으며 의료 서비스에 대한 접근성도 높여 주고 있다.[13]

디지털혁명으로 산업혁명에서 소외되었던 지역의 사람들에게도 핸드폰이 주어지면서 은행 계좌 없이도 금융의 핵심 기능에 접근할 수 있게 되었고, 이로써 이들의 삶이 개선되고 국가의 발전에도 기여하게 된 것이다. 때문에 산업혁명조차 예외적이었던 개발도상국에도 디지털혁명이 빠르게 일어날 수 있도록 국제사회가 도움을 주는 것도 인류의 포용 성장 측면에서 중요하다.

녹색 참 성장

녹색 참 성장은 지속가능한 경제와 지속가능한 환경 보전이라는 두 가지 목표를 동시에 달성할 수 있는 성장 전략이다. 지금의 생태 위기와 기후 위기는 산업혁명의 산물이다. 무엇보다 화석연료를 태워 대량생산·대량소비 하는 '풍요사회'를 맹목적으로 추구하는 데 위기의 핵심이 있다. 이제 인류는 디지털혁명의 도약기에 서 있다. 디지털혁명은 생태·기후 위기를 극복할 수 있는 새로운 기회를 인류에게 주고 있다.

산업혁명과 함께 도시에는 공장이 우후죽순 등장했다. 학교, 병원, 쇼핑센터, 위락시설도 주로 도시에 생겨났다. 사람들은 일자리를 찾아서, 새로운 학문을 배우기 위해서, 치료받기 위해서, 쇼핑하기 위해서, 그리고 놀이를 위해서 도시로 모여들었다. 이제 디지털혁명으로 일하고, 공부하고, 치료받고, 쇼핑하고, 놀이하는 것이 디지털 공간에서 이루어지고 있다. 굳이 도시에 몰려 살 필요가 줄어들고 있는 것이다. 코로나를 계기로 선진국의 경우 도시 교외나 시골의 저렴한 집에 대한 수요가 증가했다. 인류는 코로나 이후에도 가상세계인 메타버스로의 이주와 함께 현실세계에서도 도시를 떠나 전원으로 이주하려 할 것이다. 이렇게 되면 전원에서 자연과의 관계도 회복할 수 있을 것이다. 이렇듯 디지털혁명은 산업사회의 생활환경을 바꿈으로써 자연스럽게 녹색 참 성장을 가능하게 할 수 있다.

세계에서 가장 많이 사용되는 SNS인 페이스북Facebook은 직접 생산하는 콘텐츠가 없으며 세계에서 가장 가치 있는 소매업체인 아마존도 직접 생산하는 상품이 없다. 세계에서 가장 큰 숙박업체인 에어비앤비Airbnb는 소유한 호텔이 없다. 그럼에도 불구하고 에어비앤비의 기업 가치는 전 세계 모든 호텔 체인보다 높은 것으로 평가받고 있다. 전통적인 택시 회사는 택시를 사서 돈을 벌지만 세계에서 가장 큰 택시 기업인 우버Uber는 소유하고 있는 택시가 없다. 따라서 우버는 자산을 소유하는 비용도 없고 고용 비용도 없다. 자산을 소유하는 것이 아니라 디지털 플랫폼으로 컨트롤만 하는 새로운 유형, 이게 공유 경제의 특징이다. 대량생산과 대량소비가 특징인 산업사회 경제와 달리 공유 경제는 생산 설비나 서비스를 개인이 소유할 필요 없이 필요한 만큼 빌려 쓰고(공유 소비) 자신이 필요 없는 경우 다른 사람에게 빌려주는(공유 생산) 것으로 환경의 지속가능성을 높이는 데에도 도움이 된다.

IPCC 6차 보고서에 따르면 기후 변화를 완화시킬 수 있는 방법으로 무엇보다 화석연료 사용의 감축과 저탄소에너지 자원의 확산이 필요하다. 또한 생산·수요 관리·효율 개선·자원 순환 등 가치 사슬 전반에서 온실가스 배출 감축 노력도 필요하다, 온실가스뿐만 아니라 각종 폐기물과 공해물질도 생태환경을 파괴해서 환경의 지속가능성을 떨어뜨린다.

기업들은 자원을 투입해서 산출물을 효율적으로 만들어 이윤을 극대화할 것인지에만 관심이 있다. 생산 과정에서 나온 폐기물, 공해물질, 온난화물질과 같은 부산물들은 효율성과 이윤극대화에서 고려대상이 아니다. 당연히 상품 가격에 생산 과정에서 나온 부산물의 사회적 비용은 포함되지 않는다. 때문에 이러한 사회적 비용이 생산비용에 포함되도록 생산과정에서 나오는 폐기물, 공해물질, 온난화물질에 비례해서 그린텍스green tax를 부과해야 한다. 탄소배출량에따라 세금을 부과하는 탄소세도 그린텍스의 한 가지이다. 대신 기업의 소득에 따라 부과되는 소득세율을 감소시켜서 기업들이 내야 하는 세금 총액은 변동이 없도록 한다. 이렇게 하면 기업들은 환경 부하를 줄이는 대신 낮아진 소득세율에 따라 생산 활동을 늘리려 할 것임으로 경제 성장과 환경 보전이라는 윈-윈의 결과를 가져올 수 있다.

아울러 기업들이 녹색에너지와 녹색 기술 투자에 대한 정부 보조금을 늘리는 것도 녹색 성장 전략 중 하나이다. 그린보조금green subsidy을 통해 기업들이 새로운 녹색 에너지와 기술을 개발함으로써 GPI의 성장과 환경보전이라는 윈-윈 결과를 가져올 수 있기 때문이다. 이와 같이 그린텍스와 그린보조금은 올리고 소득세는 낮추는 것이 바로 환경의 지속가능성을 높이는 동시에 GPI의 성장을 촉진하는 방법 중 하나이다.

섭씨 1.5℃ 이상의 온난화를 피하기 위해서 국제사회는 2050년까지 지구온난화의 주요인인 탄소배출량을 0으로 제한하는 탄소중립Carbon neutral에 합의했다. 탄소뿐만 아니라 모든 온실가스의 순 배출을 제로로 만들자는 넷제로Net Zero에도 합의한 상태다. 이를 위해서 2030년 이전에 2019년 수준에 비해 온실가스 순 배출량을 43% 감소해야 하고 2050년까지는 84%를 감소해야 한다. 또한 2050년까지 전 세계 석탄 사용량은 2019년에 비해 95% 감소해야 하고 석유 사용량은 60%, 가스 사용량은 45% 감소해야 한다. 산업사회의 식량인 화석연료의 사용을 거의 절반으로 줄여야 하는 것이다.

제4의 길에서 추구하는 녹색 참 성장은 이러한 목표를 달성하기 위해서 성장을 희생하는 것이 아니라 온실가스 감축이 GPI의 지속가능한 성장에도 도움이 되는 방법을 찾는 것이다. 제1부에서 설명한 것처럼 특정 기술이 디지털화되는 순간 기하급수적으로 기술이 발전한다. 디지털사회로 전환하면서 디지털기술이 여러 다른 기술과 접목될 수 있다. 디지털기술이 신재생에너지, 운송, 농업생산, 탄소포집저장CCS 기술과 접목되면 기후 위기의 주범인 탄소배출량을 획기적으로 줄이고 이미 배출되어 대기층에 축적되어 있는 탄소 등 온실가스들도 저비용으로 포집해서 저장할 수 있을 것이다. 이렇듯 디지털기술이 다른 기술과 접목이 되어 디지털 녹색기술이 되면 환경 부하를 감소시키고 지속가능한 환경을 조성함과 동시에 인류의 삶에 도움이 되는 좋은 경제 성장의 모멘텀이 될 수 있다. 따라서 이러한 디지털 녹색기술 개발에 대한 조세 감면과 보조금 지급에 녹색 참 성장에 도움이 될 수 있다.

예를 들어 몇몇 신생 기업은 대기의 이산화탄소를 직접적으로 포획하는 '직접 공기 포획DAC'을 추구하고 있다. 스위스 기업인 클라임웍스ClimeWorks는 2021년 아이슬란드에 DAC 공장을 열었는데 여기 연간 4,000톤의 이산화탄소를 포집해서 매장한다.[14] 캐나다 회사인 카본엔지니어링Carbon Engineering은 텍사스에 연간 1백만 톤의 이산화탄소를 포집할 수 있는 세계 최대 DAC 시설을 2022년 건설하기로 했다.

탄소 광물화carbon mineralization는 이산화탄소를 단순히 포집해서 저장하는 것이 아니라 포집한 이산화탄소를 활용하는 방법이다. 탄소 광물화는 공기 중의 이산화탄소가 칼슘 및 마그네슘이 풍부한 암석과 자연적으로 발생하는 반응을 가속화해서 이를 콘크리트와 같은 재료를 만드는 데 사용할 수 있다. 또한 탄소 광물화 기술을 응용하면 농산물 경작 토양을 개선하는 재료를 생산할 수 있다. 이는 비료를 대체하여 토양오염을 줄일 수 있다. 이미 광물화에 필요한 기술은 개발되어 있고, 필요한 암석의 분포도 파악된 상태다. 필요한 암석을 채굴하고, 운송하고 이를 분쇄하는 데에 적절한 정책 지원이 이루어진다면 이산화탄소를 반영구적으로 저장하는 동시에 산업에 활용할 수 있는 녹색 참 성장을 이루어낼 수 있다.

환경 관련 기업들이 아닌 일반 기업들이 기후 위기를 부인하거나 중립적인 입장에서 벗어나 적극적인 동반자로 돌아서고 있는 것도 녹색 성장을 실현가능성을 높이고 있다. 애플은 2030년까지 애플Apple의 공급망에서부터 배터리에 이르기까지 완전한 탄소중립을 이루겠다고 약속했다. 마이크로소프트Microsoft는 2030년까지 탄소중립에서 더 나아가 탄소네거티브Carbon negative를 달성하겠다고 공언했다.

위에서 설명한대로 ESG가 대기업들뿐만 아니라 모든 기업들의 장기적인 성과에 도움이 된다. 기업들은 특히 유해한 오염물질 및 화학물질의 사용을 제한하고, 온실가스 배출량을 낮추며, 재생 가능한 에너지원의 사용을 늘리며, 동물복지를 위한 노력이 필요하다. 개인 투자자들도 이러한 기업들을 선별해서 투자함으로써 기업들로 하여금 더더욱 환경보전에 대한 노력을 하게하고 국가적으로 녹색 참 성장을 가져올 수 있다.

IPCC 6차 보고서에 따르면 이산화탄소 1톤을 감축하는 데 100달러 이하만 소요되는 옵션들을 활용하는 것만으로도 2030년까지 2019년 배출량 대비 50% 이상을 감축할 수 있다. 이 옵션 중 절반 이상은 이산화탄소 1톤을 감축하는 데 20달러 이하만 소요되는 저비용 방안들이다. 때문에 개인의 행동 변화도 중요하다. 기존의 공급 변화 없이 수요 측면에서의 조치만으로도 2050년까지 40~70% 온실가스 배출을 줄일 수 있다. 건축 환경 및 인프라 개선 등만으로도 배출량의 5~30%를 감축할 수 있고, 채식 등 식단의 변화와 대중교통 활용 등 개인의 노력이 변화를 가져올 수 있다. 이러한 소비 습관의 변화가 바로 GPI를 늘리는 (채식과 대중교통에 대한 지출은 늘리고, 육식과 승용차에 대한 지출은 줄이는) 녹색의 참 성장이다. 이를 위해서는 성인 활동가뿐만 아니라 그레타 툰베리와 같은 청소년들이 적극적으로 목소리를 내고 활동할 수 있도록 하는 사회적 환경을 만들어 주어야 한다. 생태 위기와 기후 위기는 현재세대보다는 미래세대에게 훨씬 큰 위협이기 때문이다.

에필로그

과거를 멀리 볼수록 미래를 멀리 볼 수 있다. 넓게 볼수록 커다란 변화를 더 잘 볼 수 있다. 이 책은 사피엔스의 지난 30만년 역사를 돌이켜 본 다음 현 인류가 당면하고 있는 네 가지의 뉴노멀을 어느 특정 국가나 지역보다는 전 세계적 차원에서 살펴보았다. 무엇보다 우리는 거대한 가속 네 개의 대변혁이 이미 실현되고 있고, 이 네 가지 대변혁은 각각 다른 색깔의 스완으로 우리 인류에게 큰 재앙을 가져올 수 있음을 확인했다.

첫 번째 뉴노멀인 디지털사회에서 인류는 마침내 신의 영역에 도전하는 호모 데우스가 되었지만 경쟁의 선두에 있는 1% 내지 10%에만 해당하는 말이다. 대다수 인간은 AI로봇에 밀려 정부의 기본소득에만 의존해 사는 동물농장의 돼지가 될 수 있다. 실질세계에서 할 일이 없어진 이들은 가상세계에서 허상을 좇으며 살 수도 있다. 아직 아무도 보지 못한 회색스완이다.

두 번째 뉴노멀인 인구 고령화는 재앙이 충분히 예측되는 화이트스완이다. 산업혁명 이후 인류가 매달렸던 경제 성장의 신화는 마침내 인구 고령화의 늪에 빠져 깨질 상황이다. 경제 성장이 인간사회의 웰빙을 키우기보다는 갈등을 키우고 자연을 파괴하였으니 어쩌면 잘된 일이라고 생각할 수도 있다. 그러나 과거세대인 노인이 다수가 되고 미래세대인 유소년이 소수가 되면서 닥쳐오는 미래의 재앙을 외면하면서 재앙을 키울 수 있다.

세 번째 뉴노멀인 사회 양극화는 사전에 예상하기는 어렵지만 발생하면 엄청난 재앙을 가져오는 블랙스완이다. 길게 보면 1만 여 년 전 농업혁명이 시작되면서 인류는 왕족, 귀족, 사제와 같은 지배계급과 평민, 노예와 같은 피지배계급으로 나뉘었다. 250여 년 전 시작된 산업혁명은 자본가라는 새로운 지배계급과 노동자라는 새로운 피지배계급을 만들었다. 1990년대 이후 서서히 시작된 디지털혁명은 인간사회를 디지털사회를 만들어내고 있는 사람들과 이를 뒤따라가거나 아예 적응하지 못하는 사람들로 나누는 '디지털 디바이드digital divide'를 만들었다. 디지털혁명과 함께 1990년대 이후 확산된 신자유주의 사상과 세계화는 전 세계를 더더욱 치열한 경쟁과 승자독식의 시장으로 만들어 버렸다. 그 결과 인간사회는 곳곳에서 대립과 갈등, 더 나아가 분열과 폭동이 일어나고 있다.

네 번째 뉴노멀인 지구 생태계 파괴와 기후 위기는 언제일지는 모르지만 지구상의 6번째 대멸종을 가져올 수도 있는 그린스완이다. 인류는 30만년 여 전 지구상에 등장한 이후 지금까지 지구환경과 생태계를 파괴해 왔다. 지구의 모든 동물과 식물들에게 인간은 그야말로 최악의 포식자였다. 야생 동물과 식물들은 남획하고 극히 일부 종의 동물과 식물들은 가축과 곡물이라는 이름으로 대량생산하는 대상이 되어버렸다. 인간에 의해 생물은 더 이상 다양성은 없어지고 획일성만 보이고 있다. 더욱이 산업혁명 이후 인류는 지구온난화 물질을 대기에 내뿜으면서 해수면 상승, 폭염, 태풍, 홍수, 가뭄과 같은 엄청난 기후 재앙을 만들어내고 있다.

인류가 마주하고 있는 네 가지의 뉴노멀과 이에 따른 재앙은 모두 우리 인류가 만들어내고 있는 것이다. 그러나 영화 〈돈 룩 업Dong't Look Up〉에서 주인공 케이트가 혜성의 지구 충돌을 경고하며 울부짖지만 아무도 믿지 않은 것처럼 인류는 다가오는 재앙을 무시하고 있다.

코로나19 바이러스는 인류가 경험하지 못했던 재앙이 오고 있음을 경고하기 위해서 태어났다. 코로나가 인류에게 주는 경고를 들어야 한다. 그동안의 삶의 태도와 방식에 대한 처절한 성찰과 회개가 필요하다. 그것은 다름 아닌 이웃을 내 몸같이 사랑하고 자연을 선하게 관리하려는 마음으로의 전환이다. 이것이 바로 우리 인간의 삶의 이유이고 우리 인간을 창조하신 분에 대한 감사이기 때문이다.

이제 산업혁명 이후 지금까지 서구사회가 전파해온 초기 자본주의부터 사회주의, 수정자본주의, 신자유주의의 길에서 벗어나, 현대를 사는 인류 모두뿐만 아니라 미래세대 그리고 지구상의 모든 생태환경이 서로 동등한 가치를 인정하고, 지속적으로 포용하고 상생하는 제4의 길로 가야 한다.

주

들어가며

1 Yubal Harari(2018), Homo Deus: A brief history of tomorrow, HarperCollins.

제1부 예정된 미래, 네 가지 뉴노멀

1 Peter J. Richerson and Robert Boyd(2001), "Was Agriculture Impossible during the Pleistocene but Mandatory during the Holocene?". American Antiquity. 66(3), 387-411; Ronald Wright(2004), A Short History of Progress. Toronto: House of Anansi Press.
2 https://en.wikipedia.org/wiki/Sumer
3 Michael Hermanussen and Fritz Poustka(2003), "Stature of early Europeans". Hormones, 2(3), 175-178.
4 Yubal Harari(2015), Sapiens: A brief history of human kind, Harper.
5 Sven Beckert(2014), Empire of Cotton: A Global History, Penguin Random House.
6 Statista
(https://www.statista.com/statistics/617136/digital-population-worldwide/)
7 Statista
(https://www.statista.com/statistics/330695/number-of-smartphone-users-worldwide/)
8 피터 디아만디스, 스티븐 코틀러(2020) 『컨버전스 2030: 미래의 부와 기회』, 비즈니스북스. 원서: Peter Diamandis and Steven Kotler(2020), Abundance: The future is faster than you think: How converging technologies are transforming business, industries, and our lives, Simon & Schuster, Stoughton: MA.
9 https://www.kurzweilai.net/the-law-of-accelerating-returns
10 제러드 다이아몬드(2013), 『총, 균, 쇠』, 문학사상사. 원서: Jared Diamond(1997), Guns, Germs, and Steel: The Fates of Homan Societies, New York: W. W. Norton.
11 Bryn Walton, Jamie Hamilton, Geneviève Alberts, Saskia Fullerton-Smith, Edward Day, and James Ringrow(2021), "Electric vehicles: setting a course for 2030", Deloitte.
12 Keith Naugton(2021), "Electric vehicles may control half of major markets by 2030, Auto execs predict" Bloomberg, November 30.
13 Research and Markets(2021), Global autonomous vehicle market 2020-2030 by offering, automation level, vehicle type, power, ADAS feature, ownership, and region: trend outlook an growth opportunity.
14 Stuart Russell and Peter Norvig(2009), Artificial Intelligence: A Modern Approach, 3rd edition, Pearson Education.

15 High-level Expert Group on Artificial Intelligence(2019), A definition of AI: Main capabilities and scientific disciplines, European Commission.

16 Shelley Podonly(2015), "If an algorithm wrote this, how would you even know?", The New York Times, March 7.

17 International Federation of Robotics (2021), Artificial intelligence in Robotics.

18 International Federation of Robotics(2021), Robots in daily life: the positive impact of robots on wellbeing.

19 Faith D'Aluisio, Peter Menzel(2000), Robo Sapiens: Evolution of a New Species, MIT Press.

20 The Economist(2015), "Planet of the phones: The smartphone is ubiquitous, addictive and transformative", February 28th.

21 Yubal Harari(2018), Homo Deus: A brief history of tomorrow, HarperCollins.

22 Statista(2022), "Average time spent per day with digital media in the United States from 2011 to 2022".

23 Glodman Sachs(2021), Framing the future of Web 3.0: Metaverse edition.

24 Virtual Humans:
https://www.virtualhumans.org/article/how-many-virtual-influencers-are-there

25 Encyclopaedia Britanica

26 Statista
https://www.statista.com/statistics/1040159/life-expectancy-united-kingdom-all-time/

27 Statista
https://www.statista.com/statistics/1033074/fertility-rate-uk-1800-2020/

28 Statista
https://www.statista.com/statistics/1041714/united-kingdom-all-time-child-mortality-rate/

29 Sara Reardon(2021), "A complete human genome sequence is close: how scientists filled in the gaps", Nature, 594 (7862): 158–159.

30 Hongy Li, Yang Yang, Weigi Hong, Mengyun Huang, Min Wu, and Xia Zhao(2020), "Application of genome editing technology in the targeted therapy of human diseases; mechanisms, advances and prospects", Signal Transduction and Targeted Therapy, 5(1), https://doi.org/10.1038/s41392-019-0089-y

31 The Economist (2022), "Wearable technologies promises to revolutionise health care", May 5th.

32 The Economist (2022), "Wearable devices are connecting health care to daily life", May 11th.

33 The Economist (2022), "Spinal implants allow the paralysed to walk, swim and cycle again" (Feb 12)

34 Gary S. Becker (1991), A treatise on the family, Cambridge, MA: Harvard University Press; Enlarged edition. Fabrice Murtin (2013). "Long-term determinants of the demographic transition, 1870–2000." Review of Economics and Statistics, 95(2),

617 – 631. Robert Jensen (2012), "Do labor market opportunities affect young women's work and family decisions? Experimental evidence from India", Quarterly Journal of Economics, 127(2), 753 – 792,

35 Marc Nerlove (1974), "Households and economy: Toward a new theory of population and economic growth", Journal of Political Economy, 82, 200 – 218.

36 Ruth Mace (2008), "Reproducing in cities", Science, 319(5864), 764-766.

37 Arne Traulsen and Kerstin Mehnert (2019), "Those who live longer have fewer children". Max Planck Institute for Evolutionary Biology

38 World Inequality Lab (2022), World Inequality Report 2022.

39 Carl B. Frey and Michael A. Osborne (2013), "The future of employment: how susceptible are jobs to computerisation", Working Paper, Oxford Martin School, September.

40 Daron Acemoglu and Pascual Restrepo (2020), "Robots and Jobs: Evidence from US Labor Markets," Journal of Political Economy, 128(6), 2188-2244.

41 김태경, 이병호(2021), "산업용 로봇 보급이 고용에 미치는 영향", 조사통계월보, 2021년 1월호.

42 Daisuke Adachi, Daiji Kawaguchi, and Yukiko Saito (2020), "Robots and employment: evidence from Japan, 1978-2017", RIETI Discussion Paper Series 20-E-051.

43 The Economist (2022), "Rise of the robots: the world should welcome the rise of smart machines", Feb 26th.

44 Martin Ford (2015), Rise of the Robots: Technology and the threat of a jobless future, Basic Books.

45 Daron Acemoglu and Pascual Restrepo (2019), "The wrong kind of AI? Artificial Intelligence and the future of labor demand", Cambridge Journal of Regions, Economy and Society, 13(1), 25-35.

46 Credit Suisse (2021), Global Wealth Report 2021.

47 World Inequality Lab (2022), World Inequality Report 2022.

48 Era Dabla-Norris, Kalpana Kochhar, Nujin Suphaphiphat, Frantisek Ricka, and Evridiki Tsounta (2015), "Causes and Consequences of Income Inequality: A Global Perspective," IMF Staff Discussion Note, SDN/15/13.

49 Yubal Harari (2015), Sapiens: A brief history of human kind, Harper.

50 World Wildlife Fund (2020), Living Planet Report 2020.

51 IPCC는 기후변화와 관련된 전 지구적 위험을 평가하고 국제적인 대책을 마련하기 위해 세계기상기구(WMO)와 유엔환경계획(UNEP)이 공동으로 1988년 설립한 유엔 산하 국제 협의체이다.

52 World Meteorological Organization (2022), State of the Global Climate 2021.

53 Paul J. Crutzen and Eugene F. Stoermer (2000), The "Anthropocene", Global Change Newsletter, 41, 17-18.

54 Whitney J. Autin and John M. Holbrook (2012), "Is the Anthropocene an issue of stratigraphy or pop culture?", GSA Today, 22, 60-61. S. C. Finney (2014), "The

'Anthropocene' as a ratified unit in the ICS International Chronostratigraphic Chart: fundamental issues that must be addressed by the Task Group", Geological Society of London, 395, 23-28.

55 Jan Zalasiewicz 외 다수 (2015), "When did the Anthropocene begin? A mid-twentieth century boundary level is stratigraphically optimal", Quaternary International, 383, 196-203.

56 S. Fred Singer, David R. Legates, and Anthony R. Lupo (2021), Hot Talk, Cold Science: Global Warming's Unfinished Debate, Revised and expanded third edition, Independent Institute.

57 이산화탄소뿐만 아니라 일산화탄소, 메탄 등 모든 온실가스의 배출량을 이산화탄소 배출량으로 환산한 것.

58 Lucas Chancel (2021), "Climate change & the global inequality of carbon emissioins, 1990-2020", World Inequality Lab.

59 World Weather Attribution (2022), "Climate Change made devastating early heat in India and Pakistan 30 times more likely", May 23.

60 Nassim Nicolas Taleb (2007), The Black Swan: Impact of the High Impossible, New York: Penguin Random House.

61 Patrik Bolton, Morgan Despres, Luiz, Awazu Pereira Da Silva, Frédéric Samama, and Romain Svartzman (2020), The green swan: Central banking and financial stability in the age of climate change, Bank for International System.

제2부 뉴 이코노믹스

1 James Steuart (1767), An Inquiry into the Principles of Political Economy: Being an Essay on the Science of Domestic Policy in Free Nations, London: Printed for A. Millar and T. Cadell, in the Strand.

2 John Maynard Keynes (1936), The general theory of employment, interest and money, London: Macmillan.

3 Walt W. Rostow (1959), "The stages of economic growth", Economic History Review, 12(1).

4 Leonard Nakamura, Jon Samuels, and Rachel Soloveichik (2017), "Measuring the "free" digital economy within the GDP and productivity accounts", Discussion Papers ESCoE DP-2017-03, Economic Statistics Centre of Excellence (ESCoE); Nadim Ahmad, Jennifer Ribarsky, and Marshall Reinsdorf (2017), "Can potential mismeasurement of the digital economy explain the post-crisis slowdown in GDP and productivity growth?" OECD Statistics Working Papers, No. 2017/09: Paris: OECD; Marshall Reinsdorf and Paul Schreyer (2019) "Measuring consumer inflation in a digital economy", OECD Statistics Working Papers, No. 2019/01, Paris: OECD.

5 Erik Brynjolfsson and Avinash Collins (2019), "How should we measure the digital

economy", Harvard Business Review, November-December.
6 Marshall Reinsdorf and Paul Schreyer (2019) "Measuring consumer inflation in a digital economy", OECD Statistics Working Papers, No. 2019/01, Paris: OECD.
7 United States Bureau of Labor Statistics (2021), "Multifactor productivity trends - 2020" March 23.
8 Fabio Panetta (2021), "The present and future of money in the digital age", Lecture by Fabio Paneta, Member of the Executive Board of the ECB, December 10.
9 Codruta Boar and Andreas Wehrli (2021), "Ready, steady, go? - Results of the third BIS survey on central bank digital currency", BIS Papers No. 114, Bank for International Settlements.
10 Simon Kuznets (1955), "Economic growth and income inequality", American Economic Review, 45(1), 1-28.
11 Thomas Piketty (2014), Capital in the Twenty-First Century, Cambridge, MA: Harvard University Press.
12 Jonathan D. Ostray, Andrew Berg, and Charalambos G. Tsangarides (2014), "Redistribution, inequality, and growth", IMF Staff Discussion Note SDN/14/02.
13 Klaus Gründler and Philipp Scheuermeyer (2018), "Growth effects of inequality and redistribution: What are the transmission channels", Journal of Macroeconomics, 55, 293-313.
14 Michael Kumhof, Romain Rancière, and Pablo Winant (2015) "Inequality, Leverage and Crises", American Economic Review, 105(3), 1217-1245. (이 논문은 IMF의 Working paper(WP/10/268)로 2010년 처음 발표되었음.)
15 Gene M. Grossman and Alan B. Krueger (1995), "Economic growth and the environment", Quarterly Journal of Economics, 110(2), 353-377.
16 Nicolas Stern (2008), "The economics of climate change", American Economic Review: Papers & Proceedings, 98(2), 1-37.
17 World Commission on Environment and Development (1987), Our Common Future, Oxford University Press.
18 Hyun-Hoon Lee, Kwanho Shin, and Donghyun Park (2017), "Population Aging and Its Impact on Economic Growth – Implications for Korea," Economic and Social Research Institute (ESRI), 196, 159-178.
19 Hyun-Hoon Lee and Kwanho Shin (2019), "Nonlinear Effects of Population Aging on Economic Growth", Japan and the World Economy, 51. 100963.
20 Paul Samuelson (2001), Economics, 17th ed., Boston, MA: McGraw-Hill.
21 N. Gregory Mankiw (2020), Principles of Economics, 9th ed., Boston, MA: Cengage Lerning.

제3부 담대한 전환

1 Max Weber (1905), Die protestantische Ethik und der Geist des Kapitalismus, Studienausgabe.

2 Anthony Giddens (1991), The Third Way: The Renewal of Social Democracy, Wiley.

3 Dennis Meadows, Donella Meadows, Jørgen Randers, and William W. Behrens III (1972), *The Limits to Growth, A report for the Club of Rome's project on the predicament of mankind,* A Potomac Associates Book.

4 Giorgos Kallis (2018), Degrowth, Columbia University Press; Giacomo D'Alisa, Federico Demaria, and Giogos Kallis, eds (2014), *Degrowth: A Vocabulary for a New Era*, Routledge; Giogos Kallis, Susan Paulson, Giacomo D'Alisa, and Federico Demaria (2020), *The Case for Degrowth*, Polity.

5 제이슨 히켈(김현우, 민정희 역) (2021), 『적을수록 풍요롭다: 지구를 구하는 탈성장』, 원서: Jason Hickel (2020), *Less is More: How degrowth will save the world*, Penguine Random House.

6 세르주 라투슈(양상모 역) (2014), 『탈성장 사회: 소비사회부터의 탈출』, 오래된생각.

7 케이트 레이워스 저(홍기빈 역) (2018), 『도넛 경제학』, 학고재; 원서 (Kate Rayworth (2017), *Doughnut Economics: Seven ways to think like a 21st-Century economist*, Random House.

8 Jason W. Moore, ed. (2016), *Anthropocene or Capitalocene" Nature, History, and the Crisis of Capitalism, Oakland*, CA: PM Press.

9 Clifford Cobb, Ted Halstead, and Jonathan Rowe (1995), Redefining Progress: The Genuine Progress Indicator, Summary of Data and Methodology, San Francisco, CA: Redefining Progress.

10 James S. Colman (1988), "Social Capital in the Creation of Human Capital", *American Journal of Sociology*, 94, S95-S120.

11 Georg Kell (2018) "The Remarkable Rise Of ESG". *Forbes*, July 11.

12 K. Piper (2020), What Kenya can teach its neighbors – and the US – about improving the lives of the "unbanked", *Vox*, Sep 11.

13 T. Suri and W. Jack (2016), "The long-run poverty and gender impacts of mobile money", *Science*, 354(6317), 1288-1292. H. Ahmed and B. Cowen (2019), "Mobile money and healthcare use: evidence from East Africa", NBER Working Paper 25669.

14 The Economist (2021), "What next? 22 emerging technologies to watch in 2022", November 8th.

네 가지 뉴노멀과 제4의 길

예정된 미래

초판 1쇄 발행 2022년 9월 9일

초판 2쇄 발행 2022년 10월 17일

지은이 이현훈

편집 윤소연

디자인 강수진

마케팅 총괄 임동건

마케팅 지원 전화원 한민지 이제이 한솔 한울

경영지원 이지원

펴낸이 최익성

출판 총괄 송준기

펴낸곳 파지트

출판등록 2021-000049호

제작지원 플랜비디자인

주소 경기도 화성시 동탄원천로 354-28

전화 070-7672-1001 **팩스** 02-2179-8994 **이메일** pazit.book@gmail.com

ISBN 979-11-92381-18-3 03320